Ritual de la Memoria
(Antología personal)

PIEDRA DE LA LOCURA

Colección

Collection

STONE OF MADNESS

Waldo Leyva

RITUAL DE LA MEMORIA

(ANTOLOGÍA PERSONAL)

Nueva York Poetry Press®

Nueva York Poetry Press LLC
128 Madison Avenue, Oficina 2NR
New York, NY 10016, USA
Teléfono: +1(929)354-7778
nuevayork.poetrypress@gmail.com
www.nuevayorkpoetrypress.com

Ritual de la Memoria
(Antología personal)
© 2020 **Waldo Leyva**

ISBN-13: 978-1-950474-21-9

© Colección *Piedra de la locura vol. 4*
Antologías personales
(Homenaje a Alejandra Pizarnik)

© Cuidado editorial y prólogo:
Francisco Trejo

© Concepto de colección y edición:
Marisa Russo

© Diagramación:
Luis Rodríguez Romero

© Diseño de portada:
William Velásquez Vásquez

© Pintura de portada:
Waldo Leyva

© Fotografías del autor:
Kary Cerda
Francisco Navarro Ruiz

Waldo Leyva
Ritual de la Memoria (Antología personal) / Waldo Leyva; 1a edi-- New York: Nueva York
Poetry Press, 2019. 216 pp. 6"x 9".

1. Poesía cubana 2. Poesía caribeña 3. Literatura latinoamericana.

Para Margarita

Escribir es un dolor [...]
es como uncir cóndor a un carro
JOSÉ MARTÍ

PRÓLOGO

Waldo Leyva y el dibujo de su roto espantapájaros

La memoria siempre ha estado ligada a la poesía, desde sus orígenes. Valdría recordar que la rima surgió como un recurso para memorizar los cantos, y que Mnemósine, personificación de la memoria en la mitología griega, es, como resultado de su unión con Zeus, la madre de las musas. La poesía de Waldo Leyva, en este *Ritual de la memoria*, es espejo y brisa perenne, mar y atarraya de revelaciones, junto a un marinero que, atado al mástil, cierra los ojos y, más allá de la voz de las sirenas, espera, tinta en mano, al "buitre de pesares" gongorino. Porque hay algo de animal en esta invención tan humana, algo de "aguijón encarcelado", algo de "rugido que no logro sacarme de la boca" y algo de "grito por las manos" que intenta "de nuevo el nacimiento". Y en la naturaleza del ritual está el deslumbramiento de la poética en este autor cubano nacido en 1943. Si "la lluvia es de algún modo la memoria", esta reunión de poemas publicada por Nueva York Poetry Press, es más que nube para el lector, más que cielo generoso para la carne apasionada del que busca en el poema una ruta de navío; porque seguramente ha ido detrás del tiempo pasado, como quien corre "detrás de una sombra". Es en esta persecución donde se advierte que la memoria tiene más de un rostro y que la poesía apenas alcanza para pintar la incerteza, uno de sus rasgos distintivos: "Ayer volví otra vez, / contra lo incierto, a dibujar, / sobre un cartón mezquino, / mi roto espantapájaros". Con maestría, en las formas que no sólo se detienen en el soneto o en la prosa poética, Leyva reconoce la incertidumbre del que dice recordar, pero apenas puede mostrar el silencio en cada vocablo, a manera de "un mínimo rasguño en el cristal", un mínimo "rasguño en la piedra". Quizá la poesía consista en el rito continuo de robarle un rasguño a la muerte, a la realidad ensombrecida con sus alas, porque en el discurso de Leyva no hay pretensiones de incendio, sino sutiles pavesas que tocan las cosas y las marcan, con un beso de ceniza. Como muestra de esta argucia, la pregunta retórica evita la petrificación del mundo con las afirmaciones: "¿De dónde vengo? / ¿Quién soy? / ¿Qué ciudad es ésta que no me reconoce?", "¿Yo soy éste que respira, / o ése que está en el cristal?". Si la pregunta va a agrietar los vidrios, que se lance, si no que se consuma en su golpe de metal frío. La pregunta, lo sabe muy bien el poeta, debe aspirar a ser polvo que vuele hacia otras emociones, a manera de respuesta. Mientras haya pregunta, la lengua es huso de hilos renovados. Estar frente a la poesía de Leyva, equivale a detenerse en un malecón donde cada golpe del mar es galope de caballos en un mapa interior, oculto en la desazón de las palabras que no terminan de abrir la semilla a lo absoluto. Esta búsqueda, nudo y liberación de amarra, es la faena del poeta en cada verso, porque en la ida y el regreso de las cosas está el agua de fondo, el océano de melodías e intensidades, o acaso el mismo río del Hades, opuesto al Lete, del que se bebe para no olvidar la vida. En este sentido, la alegoría más antigua de la memoria es el agua que discurre y, siguiendo a Heráclito, nunca es la misma cuando se intenta retener en las palabras. *Ritual de la memoria* es la recapitulación del tiempo poético de un ser humano que, más allá de la apropiación de los mitos náuticos, ha creado su propio universo de naufragios.

FRANCISCO TREJO
Ciudad de México, marzo del 2020.

Diálogo de uno

ODISEO

No puedo asegurar si estoy partiendo
o si he llegado al fin donde quería.
El olor de la tierra es familiar,
no me resulta extraño el árbol,
ni la garganta migratoria de los pájaros.
Los espejos de agua
me devuelven un rostro indescifrable.

¿Alguien me vio partir?
          ¿Alguien me espera?

En la memoria del porvenir
yo seré el que regresa,
y en la piel, junto al salitre
y ciertas mordeduras incurables,
tendré tatuado el ruido de la sombra
y el silencio que dejan las batallas.

PAÍS DE LA MEMORIA

Cae lenta una lluvia de invierno,
sin sospechar que moja
el penúltimo diciembre de este siglo.
Duele el metal del agua que se precipita.
Entre sábanas que guardan la memoria de la estirpe,
mi mujer suda una antigua fiebre,
mientras yo intento reconstruir un mapa
por el que alguna vez pasaron hombres y caballos.
Es un país de la memoria,
al que regreso cuando revientan las crisálidas
y se confunden las estrellas con las altas copas de los
árboles.
Mañana, cuando el sol borre de nuevo las gotas del
invierno,
las sábanas se beberán el agua de los ríos
y no habrá sombras
                ni altas montañas
                        ni fiebres
                            ni palomas.

CONCURRENCIAS

I

Mientras escribo la palabra desierto,
un hombre escupe sobre la arena
sin saber que morirá
antes de que la humedad de sus pulmones
sea consumida por el sol.

II

Llora un perro a causa de la lluvia.
La viuda de los altos cierra su ventana,
mientras en algún lugar del mundo
una adolescente ofrece su dote con vergüenza,
ante la algarabía sin destino
de los muchachos de otra edad.

III

Ulises no pudo sospechar
que la herida producida por el jabalí
y curada con tesón por Euriclea
en la casa de su abuelo,
sería su único signo de identidad,
cuando viejo y marcado por la muerte,
vino a recuperar la memoria de Ítaca
y el cuerpo de una mujer desconocida.

IV

Si mi padre no hubiera extraviado el camino
ese día de agosto, al alborear,
no habría descubierto los ojos de mi madre,
ni el olor implacable de su pelo,
y yo no estaría aquí,
sufriendo el desconsuelo que provoca la lluvia.

PTOLEMAICAS

Cuando descubrí, de niño, la palabra infinito y, más que la palabra, esa falta sin fondo de que hablara Vallejo, sentí una angustia inapresable, un vacío en el pecho que todavía hoy me estremece cuando pienso en la sustancia ilusoria del horizonte. Al caer las primeras sombras de la noche perdía la voz, corría en círculos alrededor de la casa como si pudiera construir fronteras redondas, y lloraba, lloraba desconsoladamente, sin saber que mi pena era la misma que sufrió Pascal y que sufrieron todos los sabios después que descubrieron que era falso el Empíreo, y el cielo de los cielos, y que la tierra no era más que una mariposa girando en torno al sol. Siempre sospeché que Ptolomeo no ignoraba la naturaleza infinita del universo y que su sistema fue el único modo que encontró para protegernos de esa angustia. Todavía, en las claras noches del verano, me descubro sufriendo el destino de las estrellas que caen a ningún sitio y que siguen, con su rastro de luz, dividiéndome el pecho.

VIENE UN OLOR A VECES

No fui dueño del tiempo
que he vivido
ni pude detenerlo,
ni hay regreso.
Sólo puedo volver
cuando el recuerdo
juega a tenderme trampas
como a un niño.
Viene un olor a veces,
lo percibo y voy tras ese olor
hasta muy lejos
donde un adolescente
ignora el tiempo
que lo traerá hasta aquí,
donde no existo.
Transcurrirán los días
y los años,
me acercaré al final
por algún rumbo
que desconozco ahora;
sin embargo,
si volviera a empezar,
estoy seguro
que tendría de nuevo
el mismo paso
y los ojos iguales
para un mundo
que tal vez no será,
pero que busco.

FRAGMENTOS IGNORADOS

Fue una mansión, no hay dudas, opulenta
hay cierta dignidad en los escombros,
cierta nobleza en la argamasa,
una luz especial que brota de la arcilla.

En el espacio muerto se descubren temblores,
un aroma distinto recorre los desechos
donde subsisten fragmentos ignorados
de cerámica griega,
polvo de arena dorada por el Nilo,
y el ojo del venado
que iluminó el tapiz donde siempre moría.

Sólo el muro del fondo sigue en pie
y en el centro del muro
un hueco diminuto, disimulado por la sombra,
todavía presente, de algún cuadro.
Es un túnel labrado con paciencia
para comunicar a aquella habitación del fondo de la casa
con el jardín, la calle, el infinito.

AGRADEZCO LA NOCHE

Aquí estoy, nuevamente amanecido,
dispuesto a soportar hasta que vuelva
la noche irremediable.
Cuento los días y me resulta eterno
el tiempo que me separa
del silencio sin ruido.

Estoy como en un pozo
viendo la luz solo en el agua.

En algún sitio del mundo
comenzará otra guerra
y vencerán los muertos a los muertos.

De aquello que fue el rostro del amigo
queda sólo una mancha, un tatuaje
dejado por la máscara en la piel.

¿Quién le cortó los hilos a la rueca?
¿Quién me dejó sin calle, sin laguna
solo con una puerta hacia la infancia,
hacia el agua del pozo?

Aquí estoy, nuevamente amanecido,
ha sonado el teléfono,
comienza la ciudad su ruido informe,
y siguen los semáforos en rojo.

HISTORIA COMPARTIDA

No recuerdo si fue cuando pasabas
o cuando volviste en mi memoria.
En ambos casos resultó extraño
que no reconociera ciertos gestos,
marcas indelebles que el tiempo
y yo formamos en tu rostro.
No eras exactamente un desconocido.
Te juro que me entregué
meticulosamente a tu recuerdo,
que fui reconstruyendo, poco a poco,
lo que fuiste, lo que fuimos,
que logré darle apariencia
de historia compartida,
que llegué a precisar el momento exacto
de aquella cicatriz en tu mano
—en mi mano izquierda, quiero decir—
pero de todos modos se hizo tarde.
Acabas de escaparte del espejo.

MONÓLOGO DEL EMIGRANTE

Recorro la ciudad. Nada me es familiar
salvo la puerta aquella
que sigue prohibida para mí
o esas ventanas,
ahora pintadas de un azul desconocido
y abiertas para siempre.
Hay espacios perdidos,
cristales donde ayer se enseñoreaba la madera
y gente cuya lengua me resulta extraña.

¿Por qué estos músicos insisten
en enseñarme las canciones
que ni siquiera desconozco?
Esa mujer que pasa y me mira
tiene los ojos de Evangelia,
un rostro idéntico y las mismas caderas
que me acompañaron desde la memoria
en mis noches de angustia y de lujuria.
Nunca supo que yo existía,
que temblaba a su paso
y me masturbaba en su honor
en las húmedas letrinas de los cines de barrio.
Para qué rescatarla entre las piernas
de esta mujer que pasa
y para la que sólo soy El extranjero.

Aquí hubo otra calle,
una calle que conducía al mar,
una calle de piedra y pregoneros
que me rompió la frente
y confundió mi sangre y el salitre.
Una calle donde estuvo mi casa.
Todavía siento en el aire su olor tibio,
y la fuerza irreductible de mi madre.

Pensé que todo me sería familiar.
Guardé durante años cada ruido,
la temperatura de mi primer café,
claro y entrañable,
los nombres de las calles,
el gesto de la gente, de otra gente,
pero a pesar de que la bahía
sigue quedando al norte de mi casa,
ya mi cuarto no está.
Los amigos de entonces se perdieron
comidos por los años,
la prisa o la distancia.
Quiero reconocerme en los que pasan
pero eso es posible solo para aquellos
que envejecen juntos
obligados, durante toda la vida,
 a odiarse o a quererse.
¿De dónde vengo?
¿Quién soy?
¿Qué ciudad es ésta que no me reconoce?

TRENES

A Manuel García Verdecia

Veía caer estrellas
y soñaba sin conocer el mar
mientras los trenes
seguían su ruta indescifrable.

Hablo de los humildes
jadeantes trenes
de la infancia
hechos a la medida del asombro
cargados de insospechada lejanía.

Cuando pitan en la memoria
no hay nostalgia semejante.

LA NOCHE IRREMEDIABLE

Aquí estoy yo,
nuevamente despierto,
iniciando otro día
sin destino.
Sé que no habrá sorpresa
en el camino,
que empiezo a repetir
la mar y el puerto.
Ayer volví otra vez,
contra lo incierto, a dibujar,
sobre un cartón mezquino,
mi roto espantapájaros;
su sino es repetir mi grito
en el desierto.
Cuando vuelva
la noche irremediable
hablaré con mi rostro
en el dibujo
y será su silencio más locuaz
que todo lo que he escrito.
Si me es dable
llegar al porvenir que me sedujo
convertiré en memoria lo fugaz.
Espantapájaros. Mixta sobre papel

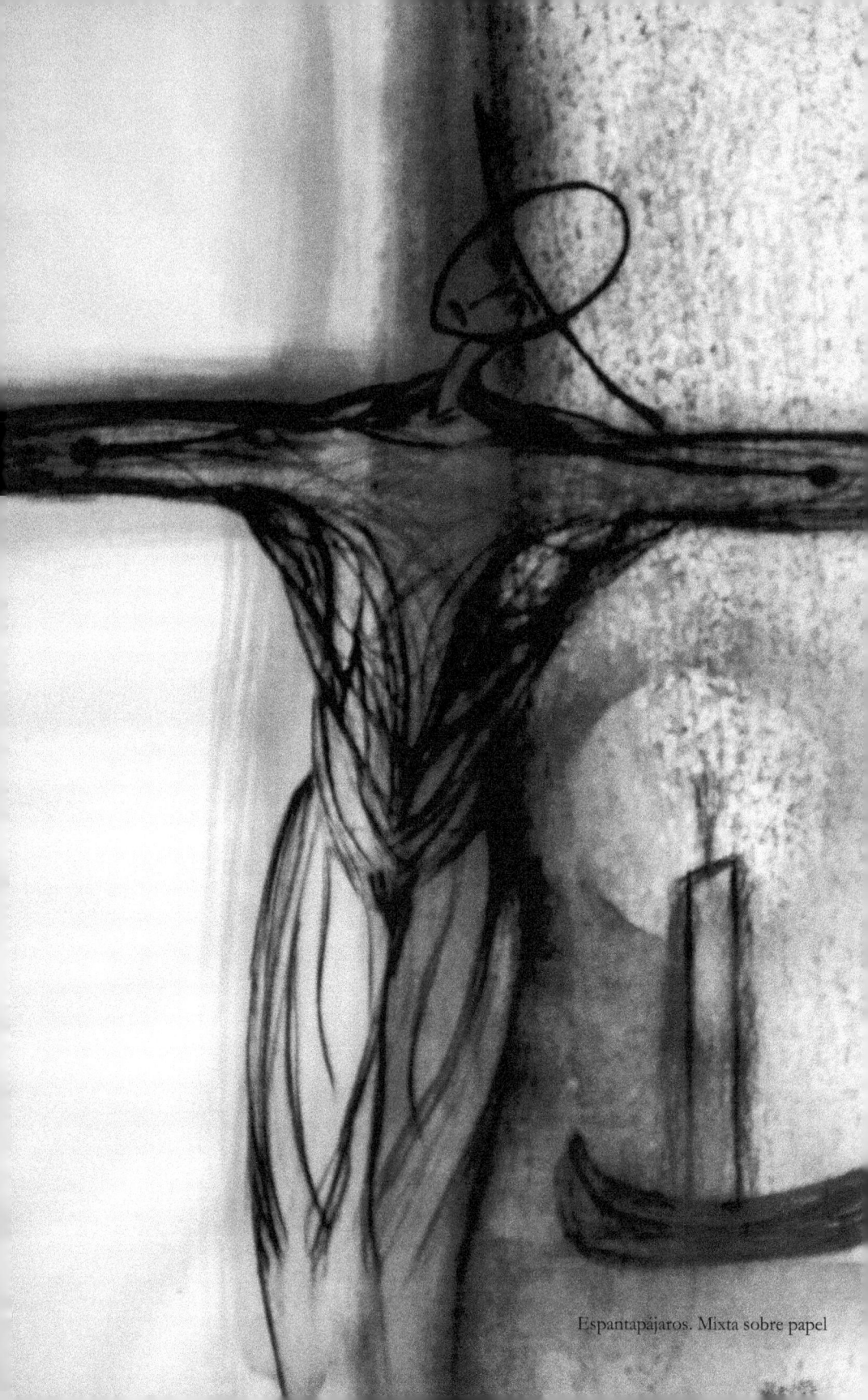

Espantapájaros. Mixta sobre papel

TEMPESTAD

Adiviné en el aire su forma de piel rota,
su invasión de ternura, su eterno cataclismo,
sus guitarras oscuras deshechas gota a gota,
donde la luz no es luz, sino restos de un sismo

que vuelve a repetirse, que ni acaba ni brota
y que resulta extraño pero siempre es el mismo
—viejo ciclo en que todo se prolonga y se agota
para surgir de nuevo del centro del abismo—.

Se anuncia en un quejido que la tierra reparte,
en un olor del viento donde se esconde el mar,
en el galope ronco de un caballo que parte,

en las astas del toro que muere en su bramar,
en tu doble agonía de partir y quedarte
sin que exista un espacio donde puedas estar.

MONÓLOGO

Cada palabra es una clave
y una explica la otra
y todas juntas
no alcanzan a decir
lo que yo quiero.

Soledad, por ejemplo,
es como un hueco enorme
o una piedra cayendo en el vacío
o el dolor en el pecho
cuando niño te quedas en la calle
sin conocer a nadie
o viene el padre y parte
y entonces la ternura
se convierte en lágrimas,
en odio, en largo desconsuelo
y hasta te hiere el aire
y caminar no basta
y dormir es morir pero te duermes.

Soledad no es el acto de estar solo,
es buscar en los otros tu estatura,
tu dimensión exacta,
o más bien repartirte,
formar un ancho coro de ti mismo
y luego no encontrarte en los que pasan.

Qué soledad la del que pide a gritos,
a golpe de ternura en medio de la gente,
que la risa sea risa
y que el odio sea odio,

que la mano apriete fraternal
o clave su cuchillo
y que el hombre sea hombre
por encima de todas las miserias.
Cada palabra es una clave
y una explica la otra
y todas juntas
no alcanzan a decir
lo que yo quiero.

Diálogo de uno

Ahora que cada gesto tuyo te delata porque estás prisionero en ese espejo que trasparenta todo; ahora que el tumulto no te permite huir, que las risas cordiales no te ocultan y la vieja soledad que te sostiene guarda su mansedumbre comprensiva para morir contigo; ahora que por primera vez te atreves a mirarte sin compasión, sin miedo, y descubres lo que no te era ajeno en modo alguno, porque siempre supiste que cada reparto de ti mismo no era bondad, ni comprensión, sino egoísmo enorme, inagotable necesidad de ser amado, empeño inútil de crecerte en los otros huyendo de tu naturaleza hecha de ausencias, de odio familiar y muertes prematuras; ahora que de nada te sirven los gestos solidarios porque nadie precisa de esos gestos, salvo tú mismo; ahora que estamos solos, ya no puedes fingir que no me escuchas.

LA LUZ EN EL CRISTAL

Es bueno que pienses en la razón
de los que te acompañan
pero no olvides que es la razón
de los que te acompañan
y no siempre la razón que necesitas.

Cada cristal mueve la luz que tiene
y no todos los caminos te conducen a casa.

Saber oír es el primer ejercicio para andar
pero el aire está lleno de sonidos
y Ulises no se salva porque se amarre al mástil,
Ítaca está en lo más intrincado de sí mismo.

Respeta la verdad de los que van contigo
pero respeta, sobre todo, tu verdad
porque ella es de algún modo
la verdad de los que van contigo.

No olvides que tú quieres
a quienes te ayudan a quererte
y que ellos también piensan lo mismo
si no de qué sirve el sacrificio.

No rechaces la mano que te apoya
ni desdeñes la mano que te empuja,
de ambas manos se compone el cuerpo
y sólo con las dos podrás conocer el misterio del abrazo.

LA INCONDICIONALIDAD ES UN OFICIO

No olvides nunca que en la piedra está el hierro
y que la muerte es de metal.

La chispa y la madera son contrarios
de donde nace el fuego
y la ceniza
y cierto mito alado que es el hombre.

Si mandas, el leal será el sostén que necesitas.

No confíes jamás en quien te anuncia
sin condición su entrega.

Nunca el leal limpiará con su lengua tu camino
ni aplaudirá tu soberbia o tus errores
pero sabrá morir contigo.

EPITAFIO PARA UN HOMBRE QUE VIVE

Yo conocí este hombre,
supe de sus hazañas y sus miedos,
recorrí junto a él diversas geografías
y lo vi renunciar a la mujer que amaba
sin saber que era yo quien la perdía.
Muchas veces nos esperó la muerte
en idénticos cruces de caminos.
Los dos vimos la guerra cara a cara
y fuimos vencedores,
pero en distintos puntos cardinales.

El tiempo fue dejando sus medallas,
cicatrizando las roturas,
estableciendo sus fronteras.

¿Dónde está el hombre que nació conmigo,
qué ha sido de su incurable risa,
de su odio mortal a los traidores,
de su enfermizo asco a las miserias
que siempre nos corroen
el rostro y la palabra?
Yo estoy donde él decía que era el único sitio,
y espero que aparezca,
que vuelva a entrar gritando
su rabiosa esperanza,
su simple humanidad de hombre que cree.
No lo busquen.
Si acaso se demora o no regresa,
es que perdió en la paz todas sus guerras.

Memoria del porvenir

NADIE

He oído a las sirenas cantándose una a otra.
No creo que canten por mí.
T. S. ELLIOT

Navego atado al mástil,
no porque haya islas esperándome,
ni magas,
ni monstruos solitarios.
Estoy atado al mástil
porque necesito, para salvar al mundo,
que canten las sirenas.

EL SONIDO SIN FONDO DE LA PUERTA

Vuelve a llamar. Toca de nuevo la madera remota de esa puerta. Nadie está en casa. Los últimos habitantes partieron al amanecer de un día, al que tú no has llegado. Vuelve a tocar. Tú no buscas a nadie, sólo necesitas el sonido sin fondo de la puerta, la esperanza de una voz que responda, que justifique el origen de la memoria para poder partir. Hay otra puerta abierta. Los muertos dejan allí vasos de agua, flores que no han nacido todavía. Pero tú evitas ese umbral sospechoso. Sabes que si lo cruzas volverás a ser niño, y ya no te alcanzarán las fuerzas para llegar hasta donde estás ahora, tocando a la puerta de una casa que ni siquiera desconoces, con la esperanza de una voz que te deje partir a ningún sitio.

YO NO PEDÍ NACER

Cuando un hombre y una mujer se juntan,
¿tendrán en cuenta que al hacer el amor
son como dioses,
que del acto de amarse,
de intercambiar sus jugos esenciales,
puede venir después un ser
que tendrá un nombre,
un modo de tocar las cosas,
un rostro para el beso o el azote?

Mientras funden sus cuerpos
hasta lograr que la piel sea una sola,
que baste una boca para respirar,
que lata un corazón para los dos,
¿pensarán entonces
que nadie le ha pedido venir a este paisaje?
¿Serán capaces de ofrecer disculpas?

COTIDIANA

¿Qué voy a hacer con este día?
No tengo ni siquiera el consuelo de ignorar
el breve porvenir de las horas que vienen.

Temo despertar mañana.
Miro pasar la gente,
sobre todo los ojos de la gente
y quisiera gritarles:

                  por aquí es el camino,
al final de esta ruta se puede reír,
hay lugar para el sueño al fondo de la calle.
Pero no estoy seguro, evito los espejos,
tengo la lengua amarga,
me echo a llorar sobre la cama
sin encontrar motivos aparentes.

Si pudiera dormir toda la vida
y despertar, no en el futuro,
sino en los años en que lo soñaba.

EL COLOR DE LOS OJOS DEL QUE ESPERA

Puedes pensarlo todo,
cuidar hasta el más mínimo detalle,
saber incluso la hora exacta del amanecer,
el ritmo de las aguas,
la temperatura del aire
y el color de los ojos del que espera.
Hasta pueden serte dadas las palabras
sin que falte un silencio
o una inflexión oculta.
Todo puedes saberlo, sin embargo,
cuando llegues mañana frente al otro
—frente a tu mismo rostro en el espejo—
habrá una sombra leve en tu mirada,
un mínimo rasguño en el cristal,
que nadie tuvo en cuenta,
ni tú mismo.

EL MAR AL FONDO DE LA CALLE

A Xavier Eloreaga

Al salir, al trasponer la verja,
tal vez no encuentre a nadie conocido.

Ya no seré sino algo que se agota,
que va de mano en mano,
alimentando la risa de los otros.

Ayer, todavía, tuve palabras nuevas
y el mar estaba ahí mismo,
al fondo de la calle.

Sé que el polvo del sur está en el viento
y espera a que yo salga
para golpearme el rostro,
para herirme los ojos.

¿Con qué pie debo salir al mundo?
¿Qué mano debo entregar primero?
Puedo partir de espalda o de perfil,
el pecho lo perdí
en la última subasta de un siglo que no existe.

LA DISTANCIA Y EL TIEMPO

Tú estás en el portal, apenas has nacido
caminas hacia el mar y cuando llegas:
tienes el pelo blanco y la mirada torpe.

Desde la costa se ven las tejas rojas de la casa.

Si quieres regresar, ya no es posible;
a medida que avanzas se borran los caminos.

Tu camisa de niño aún está húmeda
y veleta de abril en el cordel
indica para siempre la dirección del viento.

Qué gastadas las uñas,
qué frágil la memoria,
qué viejo tu zapato por la arena.

SI ESO FUERA POSIBLE

Imagínate que puedes
regresar al comienzo.
Todavía es de noche
pero va a amanecer
y será el día de soñar
el mundo.
Descubrirás de nuevo
tu condición de hombre
por encima de todas las miserias.

Si eso fuera posible
¿recorrerías el camino
de la misma manera?
¿Usarías el mismo pantalón
el mismo idioma?
¿Entregarías hasta tu propia voz
sin pedir nada?

AUTODISCURSO

Nadie puede pedirme que me calle,
que me muerda la lengua,
mi silencio es peor que las palabras.
Dejadme hablar,
dejadme que me saque del pecho cada grito.
Que a nadie resulte inconveniente lo que digo.
Hay palabras como sueño
                  utopía
                      porvenir
que cuando caen,
se te vuelven veneno en la garganta
y te amargan la lengua,
y te rompen el pecho.

Aunque quede vacío para siempre
nadie puede pedirme que me calle.

UTOPÍA

Qué color puede tener mañana el día.
Estamos en verano.
Si te detienes a pensar,
si juntas todas las horas de tu vida,
tal vez logres imaginar los olores del amanecer,
el canto de algún pájaro perdido,
los ojos del que va a tocar tu puerta.

Ningún día es igual y tú lo sabes,
pero quieres que mañana
y todos los mañanas de mañana
se parezcan a un día de hace tiempo,
quizá no todo el día, ni siquiera una hora,
sólo el minuto aquel, el segundo preciso,
en que pudiste ver, como en un sueño,
el azul intocable de esa Isla.

EL DARDO Y LA MANZANA

Soy un hombre detenido
en la línea sin origen ni fin de una saeta.

Sin mí, sin la referencia que soy,
nadie hubiera encontrado el viento roto,
el paisaje escindido,
la huella aguda y misteriosa de la madera.

¿Dónde está el blanco que persigue la flecha?
¿Quién tensa el arco?
¿Qué mano laboriosa modeló este venablo?

El dardo es una excusa entre el veneno y la manzana.

HOMÉRICA (o monólogo de Aquiles)

¿Realmente fue mi lanza la que se hundió en tu pecho?
¿Era aquél tu cadáver insepulto sobre la ardiente arena?
¿Hirieron tu cuerpo muerto mis guerreros
para huir del insomnio

                        para espantar el miedo?
¿Quién anunció mi muerte frente a la puerta Esceas
si tu lengua era el signo del reposo
y en tus ojos vacíos se perdía el origen de la luz?
Ah, Héctor, defensor de los muros,
la historia la contaron de otro modo.
Los dioses, aburridos en sus largas veladas,
inventaron el cuento. Hasta Homero fue falso.
Sólo que en su desidia —los dioses son así —se olvidaron
del juego y ahora yo soy el héroe, clavando eternamente
la pica poderosa sobre mi propio pecho.

Dueto. Acrílico sobre papel

LA SOLEDAD DEL CORREDOR

El camino se agota si no parto.
Al fondo, donde no empieza nada,
donde nada termina,
sigo de pie esperando.
El relevo no llega
y la meta se aleja con la muerte.

Mi sucesivo yo alimenta el polvo.

Hoy es el día, lo sé desde el origen.
Llegaré sin esfuerzo
hasta el lugar más próximo,
sabré que aquellos ojos que miro
son los míos,
que aquel rostro es mi cara de mañana,
que sólo con tocarlo se romperá el espejo
y ocuparé su sitio hasta el próximo encuentro.

Pero ocurre que al que llega no le importa
y el que espera ha perdido la memoria.

LA PALABRA Y EL ESPEJO

Estoy frente a ti, como tu espejo.
Tú estás frente a mí, repitiendo mi cara.
Al fondo de nosotros tu imagen y la mía
se vuelven sucesivas.

Como yo tengo la palabra,
tú estarás siempre de espalda a lo que miro,
ignorando que ese punto donde se funden
nuestros rostros es para mí el porvenir lejano
y el pasado remoto para ti.

Si tú hablaras,
si la sombra que eres pudiera dejar constancia
de que existe,
yo sería entonces la imagen sin futuro,
caminando de espalda hacia el origen.

Quién soy, pregunto al espejo
y el que no soy me responde
mientras el que fui se esconde
del que seré. Ni un reflejo
en esa cara de viejo,
ni un gesto, ni una señal,
sólo una sombra espectral
que desde el fondo me mira.
¿Yo soy éste que respira,
o ése que está en el cristal?

EL OTRO Y EL QUE HABLA

Sé que dentro de mí hay otro ser,
alguien que exige heridas, desgarrones,
que tiene la impaciencia del cuchillo,
la obstinación del plomo, la sed de la metralla.

Desconozco ese ser que prefiere la noche, los rincones.
Desde niño me asalta.

Cuando toco un metal me empuja hacia la sangre.
He buscado en los días de mi infancia
alguna relación con el cuchillo,
con la muerte violenta;
he practicado el odio hasta la angustia
pero soy incapaz, nací de otra madera.

Esa pugna entre el otro y el que habla
¿hasta cuándo será?
¿Podré negar mi mano eternamente?
¿Permaneceré ciego a su llamado?
¿Acaso soy yo mismo,
un nonato que vive y envejece?
Dentro de mí habita un ser remoto, oscuro,
que se muestra impasible
mientras alguien me ataca
y exige, sin embargo,
que agreda a los que quiero.

SENSACIÓN

Siento un frío curioso
que me invade,
un sopor paladeable,
una especie de vértigo
tranquilo
que me arrastra
sin susto
hacia la sima.
¿Será acaso el final?
¿Esa música leve
es el rumor
de la Laguna,
de sus aguas sin peces,
o el batir impostergable
de los remos?
No sé por qué pero pienso
en los ojos del gato,
entro por sus pupilas
como si mi cuerpo
escapara, dividido,
por rutas paralelas.
Me deslizo
por las márgenes
de un cristal inacabable,
húmedo,
frontera transparente
que reproduce,

como un espejo,
mi cuerpo doble y único,
mi cuerpo que cae
al recinto
donde se borraron
los límites de la luz
y la sombra,
a la región del silencio
inaudible,
donde desaparece
la memoria.

OTRO DÍA DEL MUNDO

A Patricio, mi Abuelo.

Ya no sé si es mi abuelo el que no está
o si alguien ha borrado los caminos,
sólo sé que aún existen peregrinos
que van por esos rumbos. No será

que todo sigue igual, que volverá,
que otra vez sus jolongos matutinos
anunciarán, primero que los trinos,
otro día del mundo. ¿Se podrá

volver de nuevo al tiempo que se fue?
Cuando yo sea abuelo de mi abuelo,
cuando empiece otra vuelta de la noria,

¿alguien irá a buscarme donde esté,
grabará en el poema su desvelo,
tendrá realmente el porvenir memoria?

EL FRISO

Para Abel Prieto, a propósito de su gato volante

Los amigos están ahí
en el espacio infiel
de la memoria.

Él busca fotos,
graba en la piedra
ciertos frisos inútiles.
La roca es desleal
y en el cartón
hay una risa,
un modo de mirar
el porvenir,
que sólo fue posible
frente al lente.
Lo que resulta insólito
es que ese falso gesto,
esa imagen ajena
que Alguien,
desprovisto de cara,
grabó para siempre
en la faz de los amigos,
es su única referencia
de aquel tiempo sin tiempo.

Sabe que puede recorrer
los mismos sitios,
trazar el mapa
de sus pies adolescentes;
las calles siguen ahí,
hay parques abandonados,
árboles que conservan
la furia del cuchillo;
hasta en el aire,
si se ajusta el oído,
puede escucharse
aquella canción de Lennon
hecha sólo para guitarras
clandestinas.
Pero prefiere moverse
a través de las trampas
del recuerdo,
ser dios y como él
jugar al ajedrez
consigo mismo.

Detrás del espejo
sólo queda el vacío.
Nadie será el que fue,
ni Los Beatles,
ni Simon y Garfunkel,
ni siquiera Bob Dylan
volverán a cantar
para nosotros.

El calor o el salitre
corrompieron sus voces
en los viejos cassettes
donde siempre serán
los inmortales.

¿Sólo nosotros, Marco Aurelio,
sólo nosotros recordamos?
Los amigos siguen ahí
en el espacio infiel
de la memoria.

MEMORIA DEL CACTUS

Para Jesús Orta Ruiz

El viejo cactus de mi casa existe.
Floreció alguna vez en mi memoria
—el eco de esa imagen ilusoria
le permite vivir—. En él subsiste

el deseo entrañable de otra flor.
Sabe que en algún sitio hay una yema
dispuesta a transformarse en esa gema
que laborioso busca en su interior.

Florecerá, lo sé, porque su empeño
vence la terquedad de lo imposible.
Yo tal vez no veré lo que reseño

pero un día la flor se hará visible,
será una flor tan leve como el sueño
y como él fugaz, pero invencible.

JUGLARESCA

Para Leo Brouwer y Gonzalo García Bustillos

Aquí está la guitarra, su madera,
el olor de su propia lejanía,
su condición de pájaro, su día
de terca realidad y su quimera.

Si quiero regresar, es la guitarra
quien me indica el camino de regreso,
el sendero hacia atrás es sólo eso:
un hombre que entre cuerdas se desgarra.

Conozco esa guitarra que se abisma
buscando un porvenir remoto, arcano,
donde nada perezca, donde el cisma

se pueda detener, donde una mano
pueda ser gesto y luz, donde ella misma
nos revele el misterio de lo humano.

DESCRIPCIÓN DEL PAYASO

En mi ventana,
en los hierros de mi ventana,
está sentado un payaso diminuto.
De loza son sus manos,
sus pies y su cabeza,
de charol sus zapatos.
Medio payaso viste de amarillo
—el que está hacia la luz—
la otra mitad es verde como el gorro.
De gasa es la gorguera del payaso.
¿Por qué vuelve los ojos
hacia el techo?
Finge que va a subir por el barrote
pero no avanza,
su gesto detenido hace infinito
el movimiento.
Como no habla,
como niega sus ojos,
resulta más propicio para el diálogo.

Tiene la indiferencia de lo creado
por el hombre.
Sabe que es inmortal,
que cada fragmento suyo
será siempre el payaso,
que la falta de odio
o de clemencia
lo tornan invencible.

¿Quién puso ese payaso en mi ventana?
¿En qué costa abandonó su casa?
¿A qué noche de junio pertenecen sus ojos?
¿Con qué polvo de luna le pintaron la cara?

MIS DESACUERDOS

No sé si quiero hojear en mis recuerdos
o prefiero salvarme en el olvido,
a quién puede importar lo que he vivido
lo que fui y ya no soy: mis desacuerdos.

Los instantes más lúcidos o lerdos
jamás revelarán lo que yo he sido;
lo mejor de mí mismo se ha perdido
en sueños y utopías, nada cuerdos.

Mis amores de ayer y los de ahora,
días en que creí cambiar el mundo,
todo está ahí, no falta ni una hora,

ni un minuto siquiera ni un segundo.
¿Alguien querrá saber lo que atesora
la memoria de un tiempo en que me hundo?

DEFINITIVAMENTE JUEVES

Quiero que el veintiuno de agosto
del año dos mil diez, a las seis de la tarde
como es hoy, pases desnuda
atravesando el cuarto y preguntes por mí.
Si estoy, pregunta, y si no existo,
o me he extraviado en algún lugar de la casa,
de la ciudad, del mundo,
pregunta igual, alguien responderá.
El primero de enero
del año dos mil uno será lunes
pero el veintiuno de agosto
de la fecha indicada
tiene que ser definitivamente jueves
y el calor, como hoy,
agotará las ganas de vivir.
Las calles serán las mismas para entonces,
los flamboyanes de efe y trece
seguirán floreciendo,
muchos amigos no estarán
y el tiempo habrá pasado
por la historia de la casa,
de la ciudad, de mi país, del mundo.
Quiero que el veintiuno de agosto,
al despertar, prepares la piel

                 el corazón

                         las ganas de vivir.

DESPUÉS, QUE VUELVA SILVIO

Mi mujer se molesta si le pido
que detenga la música.
Pero cómo puedo escribir
si canta Silvio,
y si no escribo
quién salvará este día
en la memoria
del porvenir.
Dentro de pocas horas
será veinte de agosto
y quiere que defienda
el tiempo de los dos.

Yo prefiero la gente,
esconderme en el ruido
de los otros,
confirmar que estoy vivo
viendo latir el pecho
del que pasa.
Ella pone paredes,
condena las ventanas,
sólo permite entrar
a los que quiere.
Sé que prefiere el ocio,
la soledad doméstica;
que empieza a enamorarse
de las tardes,

de las noches de invierno,
de su ombligo
redondo y pequeñito.

Yo quiero a esta mujer
contra sí misma,
canto desde sus muros,
entro en los rincones
donde ella teme
abrir los ojos,
descubro los espejos
que la angustian.
Sólo yo sé que es,
al mismo tiempo,
un pájaro asustadizo
y el guijarro mortal
contra las alas.

Mi mujer se molesta
si le pido que detenga la música,
pero prefiero ahora
mis encontradas melodías,
mis ganas de salvarme,
de poner la soledad a mi servicio.

MONÓLOGO FINAL

La oscuridad tiene tu olor,
mi olor,
y ese otro perfume
que nace de la piel
cuando se juntan nuestros cuerpos.

Cierra los ojos.
Toca mi cara.
Tus dedos borrarán la sombra,
no importa que sea de noche,
no importa que desconozcas
el rostro que tendré al amanecer.
Cada segundo puede ser toda la vida.

Mañana mi piel estará seca,
o deshecha en el aire
o será un verde germinal, o un rojo efímero;
pero ahora las yemas de tus dedos
tienen toda la luz.

Perdono al porvenir.

Las trampas que he tendido
tienen la misma inocencia
del juego de la alquimia.
Para el hombre no existe otro destino
que el manantial inédito.
Toca mi rostro,
sálvalo en la memoria de tus manos.

RAPSODIA

I

Se supone que ésta sea la rosa de los vientos
y que yo, desde el muelle, vea partir
una goleta azul y en ella una muchacha
que no me dice adiós pero que llora y se deshace.
Frágil es la muchacha y la distancia es un cuchillo negro.
Yo me quedo en la orilla y corro por la costa,
sólo a última hora me doy cuenta que se me va a morir,
que ya no vuelve, y grito y golpeo las olas
y me destrozo el pecho entre los riscos.
Una gaviota, entonces, viene volando contra el viento
y se hace pequeñita y se mete en la herida reciente
que me sangra y son dos corazones cuando vuelvo del mar.

II

Se supone que ésta sea la rosa de los vientos
y que yo, marinero, debo dejar el puerto en que no estás
y espero que aparezcas, mientras el barco lento
se desplaza soñando un horizonte que siempre se le aleja.
Mis ojos son dos puntos clavados en la costa.
No hay un poro del cuerpo que no respire el aire
para encontrar tu aroma.
Nunca sabré que vienes de muy lejos, impalpable, desnuda,
corriendo contra el viento, y volveré la espalda
cuando llegues al mar y el mundo se irá haciendo poco
a poco redondo. Tú agitarás las manos, te volverás pañuelo
o grito agudo y único, pero yo habré sustituido
la imagen de la costa y serás tú, en otro mar,
descubriendo conmigo el vuelo misterioso de un ave
migratoria o el sonido vespertino y lejanísimo
de una vieja campana.

III

Se supone que esta sea la rosa de los vientos,
pero yo no me voy
ni tú te alejas.

EN LA DORADA LUZ, BREVE, DE OCTUBRE

I

Era la luz un juego de guitarras
y era tu cuerpo música. Desnuda
dormías en la hierba. Qué menuda
barca de sueño, anclada y sin amarras.
El mar rizaba el viento. Con sus garras
deshechas en la costa, sollozaba
como un hombre que muere. Destrozaba
ese llanto del mar, pero quién puede
renunciar a ese sueño que concede
sólo una vez la vida, y yo soñaba.

II

Nunca supe si el tiempo se detuvo,
si yo era el tiempo exacto, detenido,
si existí antes de verte, si he vivido
después que ya no estás. ¿Acaso hubo
una mujer desnuda, que mantuvo
por un instante detenido el mundo?
¿Quién puede responderme? ¿Fue un segundo?
¿Realmente fue un segundo? ¿Puede acaso
ese puñal tan frágil, de un zarpazo,
esconder su metal en lo profundo?

III

En la dorada luz, breve, de octubre,
cuando el aire es un sueño, cuando quiere
detenerse la tarde, cuando muere
hecho un rumor el verde, cuando cubre
cierto violeta el mar y se descubre
la música tenaz, salgo a buscarte;
mi cuerpo sólo es cuerpo para hallarte,
se deshace en el viento, se hace tacto
para fundar tu cuerpo. Tengo un pacto
trazado con la muerte: hasta encontrarte.

CIERTO COLOR VIOLETA Y LA PARTIDA

Una mujer me espera
en un rincón del mundo,
enciende para mí
las luces de su casa.

Cuando no estoy
se pone mi camisa,
persigue el rastro
de los dos sobre la cama,
duerme desnuda
y sueña con el mar.

Yo voy mirando todo
con sus ojos,
recuerdo los cristales,
el pañuelo,
cierto color violeta y la partida.

Ahora mismo
puede dormir o estar despierta
o llorar escondida de sí misma.
No necesito verla
para entender sus gestos,
para saber
cuando está rota y grita,
cuando junta palabras
como siempre,

como nunca,
cuando le pone
el pecho a la distancia
y aparta los cuchillos
y se siente culpable
y homicida
y me odia hasta el fondo
donde vuelve
a encontrarse con mis ojos.

Esa mujer me espera
si estoy o si he partido,
y seguirá encendiendo
las luces de mi casa
por encima del tiempo
y la memoria.

FRENTE A LA NOCHE INICIAL

Hoy es martes
otro martes de mayo
el último martes de este mes que se acaba
en un año que tiene mucha prisa.

Estamos en los días postreros del milenio,
al final del último siglo de esta era
y tenemos las mismas preguntas
que nuestros abuelos,
las mismas que se hizo
frente a la noche inicial
—bajo estrellas ignoradas aún—
el primer hombre que interrogó al futuro.
Con las mismas palabras
que sirvieron de epitafio
a siglos anteriores
se define este siglo que termina:
un siglo que apenas ha existido.

Detrás de las bombas inteligentes de hoy
sigue estando la piedra
y la aguda madera envenenada.
La palabra ha llegado al extremo
de la perfección
pero en lo más recóndito de la lengua
está el gruñido, la primera caverna
el sabor de la sangre sometida.

¿Y para el día de mañana
para el miércoles próximo
para los mayos sucesivos
habrá alguna respuesta?
¿Podré estar yo, frente a la noche
del porvenir,
bajo estrellas ignoradas aún,
escribiendo un poema de amor,
descubriendo, en el corazón de la piedra,
el origen del agua,
oliendo en la aguda punta de los robles
el inicio de la primavera?

Sólo sé que hoy es martes
el último martes de este mes que termina
en un siglo que tuvo mucha prisa.

VENGO A DEJAR MI INOCENCIA

Para Salvatore Ravo

Sólo llevaré para el camino de regreso
los ojos del asombro.
No quiero saber por dónde vine
ni la ruta que me espera.
Quiero ignorar los límites.
Todo tiene que ser desconocido
no para después nombrar las cosas
sino para escapar de la memoria.
Nominar es matar.
El árbol desconocido
será siempre un misterio.
Cuando se dice roble
se está diciendo silla, mesa,
recipiente de vino.
Existo porque no sé quién soy
es imposible encontrarme
tras las letras de un nombre
no pertenezco a una casa
ni a una ciudad, ni a un país
ni siquiera al mundo.
Este es mi último viaje como dador
como portador de algo
como reclamante.

Intento dejar aquí mi inocencia
para recorrer los caminos
sin esa luz, entre verde y dorada,
de la infancia.
Saldré de esta noche
y el sol de mañana no podrá dibujarme.
No seré ni alto ni pequeño,
ni negro ni blanco.
Nadie podrá decir si mis pasos me llevan
o si son los sitios, los límites los que se mueven.
No me importará llamar la lluvia
ni hurgaré en el corazón de los cactus.
Si alguien quiere preguntar
el momento es ahora.
Cuando vuelva la espalda
no habrá huellas, ni canto, ni humedad.

Galería Personal

*Para Roberto Fabelo y
Nelson Domínguez, Poetas.*

EL POTRO (óleo sobre tela)

Para Frómeta, Pintor

Quien pasa frente al lienzo
sólo reconoce la penumbra del amanecer,
esa niebla, entre violeta y rojo,
que es la huella de la noche que se escapa.
Si se detiene frente al lienzo descubrirá
el brillo de los ojos,
los redondos agujeros de la nariz,
jadeante el belfo,
las orejas pegadas a la nuca,
el pecho poderoso deshaciendo las sombras,
el braceo incesante de las manos:
una pezuña afincada en la tierra
y la otra clavada en la distancia por venir.
La crin nace del viento y el caballo del alba.

NATURALEZA MUERTA **I** (óleo sobre tela)

Al fondo, y en penumbra, un girasol
naciendo de algún sitio que no indica la tela;
el verano ha escapado de sus pétalos
y la ausencia del sol es para siempre.
En la margen izquierda, una papaya verde;
al centro y un poco a la derecha, un zapote partido
y el cuchillo detrás de la granada que estalla
junto a un ramo de inexplicables rosas y de hortensias
azules.
¿Quién trajo la manzana para el cuadro?
¿Por qué el cuerpo del gato
que se escapa hacia el sur del pincel,
si falta el candelabro y los paños de raso
y las aves desangrándose en la fuente de cerámica noble?

La luz, el polvo y el dedo en el anillo, están en otro lienzo.

EL MALECÓN (boceto de acuarela)

Como entrando en la piedra, hecho de un solo trazo,
el hombre se disuelve en el paisaje.
Para el mar es el cuadro y lo domina.
Puede sentirse el golpe de las olas en la raíz del muro.
Hoy está quieto. Tiene el tinte violeta que da el atardecer
cuando se pierde el sol. El cielo es suyo y debe olerse el aire
cuando empieza a trasladar el mar a las ventanas.
La ciudad, aunque esté fuera de la tela, tiene que verse,
el hombre está escapando de sus ritos.

NATURALEZA MUERTA II (óleo sobre tela)

No hay nido de pájaros, ni tela de araña,
ni acaba de pasar el viento de la tarde.
En la copa del árbol ya no hay hojas
que detengan la lluvia.
El tronco es una línea oscura que sube
del pantano indicando el espacio y la caída.
Detrás del entramado de madera,
el cielo se fragmenta sobre el agua estancada.
A lo lejos, señalando los límites del lodo,
unos brotes rastreros signados por la muerte.
¿Quién dejó esas naranjas que están como al descuido,
indicando, desnudas, el sitio de la luz?

LOS PAYASOS (óleo sobre tela)

Para Dunia que boceto este lienzo

¿De dónde vienen los payasos?
¿Por qué están ahí, junto a la mujer
que canta desde el fondo de su propia tristeza?

Dejen la flauta, no la toquen,
que venga el viento de noviembre
y se vuelva música en su cuerpo frágil.
El otoño está roto sobre el lienzo.

¿Dónde estás Dunia?
¿Por qué escondes tu corazón en el paisaje?

Nadie podrá explicarlo,
pero el cuadro está ahí, inconcluso.
El espacio vacío
es la región más expresiva de la tela.

Estamos en mil novecientos ochenta y tres,
desde la noche de Moscú
viene la voz de la mujer que canta
y envejece.

¿Inevitable será el amanecer?

CONTRASTE, O GRIS RESUELTO EN BLANCO
(técnica mixta)

Para Miguel Díaz Reinoso

Sólo dos manos en el centro del cuadro:
una mostrando el dorso,
dibujada hasta el más mínimo detalle, viva,
en el instante mismo de iniciar el movimiento
de cerrarse, de aprisionar, de sostener sobre el vacío
el cuerpo que no está.
La otra de frente, las líneas de la vida y de la muerte
trazadas con el mismo pincel, sin accidentes,
blanca y disolviéndose en el gris.
No hay manchas, ni huellas del calor que deja el roce
en la memoria de la piel. No es el último gesto detenido
ni es posible encontrar en esa mano un mínimo temblor,
una gota de sangre que se escapa.
¿Cuál es el sexo de estas manos?
¿Pertenecen las dos al mismo cuerpo?
¿Es una sola mano que nos muestra su anverso y su
reverso?

HIPERREALISMO (acrílico sobre tela)

Acaba de llover. El cielo limpio. Desde el fondo se precipita
un río que borra las aceras. Una hoja de almendro, con todos
los colores del otoño, precede en el naufragio del desagüe
al barco de papel color violeta que nació destinado al
remolino.
¿Cómo serán los ojos de la muchacha que está tras la
ventana,
oculto el rostro por la humedad del agua en el cristal?
¿Sólo mira la nave que se aleja, o el detalle del hombre que
se pierde —para siempre de espalda— por el extremo
opuesto
de la tela? Se necesita un perro abandonado,
cierta mujer con un paraguas rojo y el niño que hizo el
barco y lo soltó.

Pero el pintor es ése que se escapa.

EL VIENTO DE OTRA EDAD

Hoy hicimos el amor como fantasmas: yo era un hombre de los años ochenta del siglo XIX y tú una muchacha del novecientos dos. Yo nací en Bogotá. Mi nombre lo inventó Darío una noche de invierno, cuando puso sobre el vientre de mi madre su mano extraviada por el vino y recitó, en una extraña lengua, los salmos del futuro. Tu nombre fue un secreto entre tu padre y un viejo trovador de la Alpujarra. Cuando nos encontramos, yo era un mutilado de la primera guerra de un siglo que no existe y traía, para fundar tu cuerpo, todo el salitre del Mar Negro y una inmarchitable margarita del Cáucaso prendida a la solapa. Tú venías de ciertos libros imposibles; el vaporoso traje hecho con el tinte violeta de las tardes de octubre, y en la frente, una leve mancha dejada por el viento de otra edad. Yo había muerto en 1923, en un cerro de Tlalpan, a la misma hora en que tu madre te cerraba los ojos en una humilde casa del destierro, camino de Trevélez.

Pasaron los trenes de la madrugada mientras éramos solo boca, tacto indetenible, insaciable humedad. Desde el último puerto de mi país zarpó hacia la memoria un barco donde nunca estuve, porque esa noche navegaba las rutas de tu cuerpo, sin sospechar que volveríamos a encontrarnos esta tarde de mayo de 1997 en la que hicimos el amor como fantasmas.

Donde ahora está ese banco del parque que recuerdas como el principio de toda la memoria, creció una vez un árbol, un cedro cuyas largas raíces no agotarían el tiempo del regreso, ni serían capaces de explicar por qué rumbo del agua, en el vientre de qué pájaro, o en qué ruido del viento navegó la semilla hasta el sitio donde después fue brote, arbusto indefenso, tronco irrepetible. Nadie sabe si su noble madera fue devastada por algún incendio o si sigue cayendo bajo el golpe del hacha. Tal vez la vestidura del camarote en la nave capitana de la Armada Invencible fue su mejor destino. Quizá sea una de las laboriosas piezas del altar de la Iglesia Mayor de San Juan de los Remedios, o los severos muebles de un convento andaluz. Pero me gustaría pensar, mientras cae a lo lejos otra tarde de junio, que aquel árbol dio origen a la cama donde parieron todas las mujeres de mi familia y donde nunca se ha velado un muerto. Sé que alguien, que no ha nacido todavía, relatará en la memoria del porvenir que allí, donde para entonces crecerá un cedro, cuyas largas raíces no agotarán el tiempo del regreso, hubo una vez un banco desde el que un poeta, a finales de un siglo, se preguntaba por el destino del árbol que protegía con su sombra los versos del futuro.

MIRANDO EL GUADALFEO

He leído un diario de l796. En la página donde el viajero dejó
constancia de una tarde de junio en la que el río bajaba
incontenible «como un brazo de mar», una mano femenina
dibujó —con meticulosa angustia— el rostro de un ángel del
destierro. No sé qué curiosa analogía hay entre el perfil del
ángel y una foto extraviada de mi padre. ¿Acaso ese viajero
del siglo XVIII estaba detenido en el mismo cerro desde el
que ahora intento descubrir, en la breve corriente del arroyo,
la violencia de un río de otra edad? Los árboles frondosos
sólo existen en las páginas del diario, y la lluvia que está
cayendo ahora viene también del sur, pero no trae ningún
«rumor del viento» ni está mojando la larga cabellera de una
muchacha que dejó de esperar en la otra orilla. ¿Ese hilo
quebradizo fue alguna vez torrente incontenible? ¿Dónde
está el cauce que aprisionó las «hondas aguas»? ¿Qué buscaba
el viajero? ¿Estoy leyendo la memoria del pasado o soy el
testigo excepcional del origen del río?

EL ORIGEN DE LA SABIDURÍA

Aquí llegamos, aquí no veníamos
JOSÉ LEZAMA LIMA

He vuelto desde un sitio en el que nunca estuve. Traigo la memoria de los hombres que me acompañaron. El Amedrentado, el Miedoso, me propuso como líder de la caravana. Todos se empeñaron en seguir mi huella por la arena, pero yo no era nadie, desconocía el mapa de las rutas. Me dieron la palabra y hablé. Como no tenía destino mi discurso era proliferante y difuso. Los que me eligieron alababan mis palabras como el origen de la sabiduría. Pasé cerca de los mejores oasis: solo yo fui incapaz de descubrirlos. Los que me seguían aplaudieron mi torpeza. Sin saberlo, llegué al borde del desierto, al origen de las Tierras Verdes. El Cobarde, el que se escondía a mis espaldas, supo que él, y no yo ni algún otro, había nacido para rey, y se hizo construir un palacio donde se reúnen, y hacen fiestas, y se ríen de mis antiguos discursos. Ahora intento salvar el jardín del avance incontenible del desierto, no para conservar las Tierras Verdes sino para que no vuelvan a elegirme; para no guiar las nuevas caravanas.

EL SITIO DONDE ME DETUVE

Si abro esta puerta, saldré al patio trasero de otra casa. Si traspaso el umbral, regresaré a una noche de 1948, y seré de nuevo el niño que se interna desnudo y asustado por la ruta sin norte de la sombra, descubriendo la caída de una estrella. Si decido salir, mi madre volverá a desmayarse cuando vea mi cuerpo quemando las oscuras parcelas del lindero. Sé que con sólo adelantar el pie, va el aire a desesperar las hojas de yagruma, caerá de rodillas otra vez mi abuelo y quedará estéril para siempre el sitio donde me detenga. La leyenda dirá que allí está el oro. Que el incendio del cuerpo al detenerme indicará el lugar de las botijas, pero dirá también que el hueco del tesoro es la tumba del niño. Si me decido a trasponer la puerta ¿qué buscaré en esa noche perdida de la infancia? ¿El susto de mi abuelo? ¿La pequeña y falsa muerte de mi madre? ¿Los ocultos centenes? ¿La herida inevitable de la tierra o esa cinta de luz cruzando el cielo?

Quemando un poco de sombra

ESPEJO CÓNCAVO

Todo está en orden, cada cosa en su sitio. Más allá de la puerta esperan tres caminos. Hacia las rutas del porvenir conduce el de la izquierda. En algún punto de su mapa impreciso ha de encontrarse el mar. Por la derecha se regresa al origen, es un sendero que se agota en sí mismo y no por conocido deja de ser extraño. El camino del centro carece de horizontes, lleva a las regiones del silencio inaudible. Adentrarse por él es alejarse, es entrar a un embudo o deslizarse por un espejo cóncavo, sin fondo.

El de la izquierda se debe recorrer sin brújula, con los ojos abiertos; para el de la derecha sólo importan los pies; el del centro exige todo el cuerpo y la memoria. No basta cara o cruz si quieres decidirte, y el canto de la moneda resultaría una trampa inaceptable. Puedes vendarte el rostro y girar sobre ti mismo como un eje invisible, pero corres el riesgo de quedar en posición contraria a los caminos y no tendrás más remedio que regresar a casa, o intentar el regreso, porque tal vez la puerta para entonces no se encuentre en su sitio, o esté abierta al final de los senderos que parten de tu espalda. ¿Todo está en orden? ¿Cada cosa en su sitio?

LA OCTAVA MÁS ALTA DE LAS FLAUTAS

Ha llegado la noche y el adolescente, como si se despidiera de la infancia, deja su corona en la ventana. Alguien vuelve a prender la eterna vela y el mundo recupera su oscuridad tocable. A tientas busco los espejos. ¿Es este el momento propicio para los suicidios, o para la octava más alta de las flautas? Después de esta pregunta había escrito algo sobre mi nacimiento. Nadie, ni siquiera yo mismo, podrá rescatarlo aunque regrese la noche, que no será la noche imposible de un día del futuro, sino esta misma en la que escribo, mientras el adolescente regresa a la ventana para que al amanecer tengan nido los cuervos. La corona es su triunfo, ahora buscará la muerte por su mano.

En algún sitio del planeta hay nieve y en otro cae una llovizna lenta
como polvo de agua.

EN ALGÚN SITIO DEL PORVENIR

Toute lune est atroce et tout soleil amer
RIMBAUD

Fui testigo de la muerte del ala, de la caída sucesiva de los árboles, del retorno al origen de la piedra. ¿Tendrá razón Rimbaud: toda luna es atroz y todo sol amargo? Sé que en algún sitio del porvenir me aguardas, pero quiero encontrarte en los primeros gestos, descubrirte en el asombro, volver desde la oscuridad sin ruido hasta la primera pulsación del útero. No es que seas extraña para mí, todavía tengo en la yema de los dedos la memoria de tu piel. Sólo necesito ventear el aire para que vuelvan tus olores más íntimos, tu tibieza recóndita. Sin embargo, quiero pensar que todavía no existes, que estás naciendo en un lugar que ignoro, que no serás testigo de la muerte del ala, que verás los flamboyanes florecidos y la piedra partida por el agua, sin las lunas atroces de Rimbaud, y sin soles amargos. No sé por qué te pienso en el futuro y te busco en las rutas de la infancia.

¿Alguien puede decirme si mañana el viento será recomendable para el vuelo, si no fueron talados los árboles ayer?

EL ESPACIO QUE HABITO

Alguien ha nombrado las cosas. Estoy destinado a descubrir solo una mínima porción del espacio que habito. No tengo buena voz y el aire parece insuficiente. Con las palabras que me fueron dadas, busco —a veces sin sosiego— dejar constancia de que esa cabeza que intenta encontrar su sitio entre la muchedumbre, es la mía. Todos nacemos destinados a la travesía pero muchos no entienden por qué resulta esquivo el horizonte. Si escuchan con cuidado, reconocerán mi grito en el tumulto de ruidos que nos cercan. Es el único gesto que me queda.

El espacio que habito. Acrílico

El rasguño en la piedra

Ahí está en el espejo
un rostro: el mío;
queda un poco de asombro,
algo de infancia,
y una terca pasión
por la esperanza.
¿Cuál es la edad
que hay en mis ojos?
¿Cómo medir los años
de un hombre
que ha vivido
entregado al futuro?

EL OLOR DE LAS ESPECIAS

Un árbol, las piedras del arroyo, cierta puerta de golpe
siempre al sur de mi casa, marcaban el camino hacia un
lugar distante y alcanzable. Nunca busqué una escala más
allá de mis ojos, hasta que la distancia dejó de ser espacio
recorrido para volverse tiempo por llegar.
Fui entonces como muchos: un hombre cuyo único puerto
era el futuro, y navegué, sentí el olor de las especias,
avizoré la franja azul de las montañas, el vuelo de los pájaros,
el sargazo disperso entre las olas, mientras batía el viento
y sin cesar cantaban las sirenas.

Ahora busco de nuevo un punto vulnerable en el paisaje.

A PESAR DEL VIENTO Y LOS CUCHILLOS

Mis pies van hacia el sur, que nadie los detenga,
yo esperaré su vuelta si es que vuelven a juntarse
de nuevo con mis brazos que partieron también,
cada cual hacia el punto cardinal que indicaban.
Soy un tronco que espera detenido, vivo, a pesar
del viento y los cuchillos, la cabeza en su sitio,
dando vueltas, descubriendo lo esférico del mundo,
dueña del tiempo y la distancia.
Puedo esperar así sobre la tierra hasta que se derritan
los relojes, hasta que todo sea otoño o primavera
o cualquier estación que el hombre invente.

COMO UN ROCE INOCENTE ENTRE LOS DEDOS

Sucede que empiezas a pelar una naranja humilde, desechable, y salta desde el fondo de la infancia una palabra: bergamota, y con ella un aroma que no viene del aire, un amarillo tenue y un dorado que tus uñas deshacen mientras parten el fruto. Te baña las manos el jugo que recoge la lengua de una niña que dejó de existir y que regresa, sin rostro, envuelta en la palabra bergamota, como un roce inocente entre los dedos. Un roce que vuelve a abrir los poros de tu cuerpo y te hace ventear, como aquel día, la tibieza de un aire que invitaba a correr, a desnudarse, a morir hecho un temblor sobre la hierba. Sucede que empiezas con las uñas a pelar la bergamota, sin sospechar siquiera que será una humilde y desechable naranja del futuro.

EL HOMBRE CON UNA VARA DE PESCAR

La luz del día se acaba. Falta mi padre y tengo doce años. Ignoro que una tarde de otoño de un tiempo insospechado voy a dormir sobre el pecho de una mujer que está ahora mismo, desnuda, en brazos de su madre, aprendiendo un alfabeto donde no está mi nombre, ni el modo de explicar por qué me angustio, por qué corro sobre el pasto mojado, si mi padre se fue al amanecer cuando empezó la lluvia y aún dormía el sinsonte que hace un rato maté sin darle tregua: primero un ala rota, luego un certero golpe que detuvo todo ruido del monte mientras caía en mi memoria el pájaro.

Aún no he visto el mar y me asusta la noche que se acerca. Ya conozco la ausencia, su peso, su sabor, el hueco sin consuelo en que se torna el pecho cuando no encuentras ni el más leve residuo de ternura y todo sendero es un modo sin rumbo de buscar las distintas formas de la muerte y las posibles maneras del reencuentro. Mi padre no se irá ahora. Ni mañana. Y estará conmigo en días venideros, años que nadie sueña todavía, pero que están ahí para que vuelva la tarde de junio en la que soy un niño que corre por la línea del tren hasta que ve a su padre saliendo de la tierra, con una vara de pescar al hombro, en el instante mismo en que muy lejos, un amigo lo salva de ahogarse en el arroyo, sacándolo del agua con su vara.

La luz del día se acaba. Tengo ahora más años que mi padre. Ignoro en qué tarde de otoño de un tiempo insospechado dejaré de dormir sobre el pecho de una mujer que está ahora mismo, desnuda, tratando de olvidar el alfabeto donde sí está mi nombre y el modo de explicar por qué me angustio, por qué vuelvo a quitarme los zapatos.

¿Dónde estaremos, cuando sólo transcurra la mitad del tiempo que he vivido.

NO ESTARÉ ALLÍ

A Francisco López Sacha

Sé que el mundo en que estoy,
desde el sol que lo alumbra
hasta la última bacteria
del aire o del pantano,
va a desaparecer.
Una fría oscuridad ni siquiera soñada
convertirá en un ojo negro
al universo más hermoso del espacio sin fondo.

Nada, ni lo que escribo ahora, me salvará.
Los arqueólogos siderales del futuro sólo sabrán
que alrededor de la que fue una pequeña estrella viva,
se localizan puntos que pudieran ser parte de un sistema
estelar.

Nada, ni el temblor de tu cuerpo al recibirme,
ni lo que escribo ahora, me salvará.

Tal vez esta hoja entre temblando en el futuro
pero no estaré allí.
Ni lo que he escrito ahora
ni lo que aún me falta por escribir, me salvará.

ALTERNATIVA

Si el que sacaste de la selva un día
y pusiste sobre el camino
decidió vender el mapa, el canto de los pájaros,
el tono de tu voz, su dedo índice;
eso no significa que cometiste un error,
indica solamente:
que el que sacaste de la selva un día
vendió después el mapa, el canto de los pájaros,
el tono de tu voz, su dedo índice,

Fue tantas veces de una casa a la otra
ofreciendo su mano por igual
al amigo y a su adversario,
que terminó confundiendo las aldabas
de las puertas cerradas.

DEL QUE TAL VEZ

Para Inés
que conoce las claves del poema

Lo terrible de una guerra prolongada
no es el hambre del cerco,
ni el cansancio, ni la desesperanza,
ni los muertos que quedan en el polvo
en terreno de nadie.
Lo atroz, lo insoportable,
lo que quita las ganas de vivir,
es que conoces el color de los ojos,
el gesto, la íntima camisa
del que, tal vez, mañana se pase al enemigo.

CARA O CRUZ

He aquí la moneda. Brilla en mi mano su rostro de metal. Como sólo ese lado ofrezco al mundo, los otros creen, o fingen creer, que ese raro relieve inexpresivo es toda la moneda, y mientras siga con la mano abierta, mientras la luz dependa de mi mano, mientras un golpe no desarme el brazo y revele la cruz, yo seré el portador, y lo que piense o diga, ha de ser la verdad antes del verbo. El riesgo de este juego es que uno mismo llega a ignorar que la moneda existe, y que puede girar sobre sí misma, porque tiene un anverso y un reverso.

SOLO DE FLAUTA

I

La caída de una estrella, esa cinta de luz bajando el cielo, ese simple parpadeo nocturno —tan fugaz que al instante uno se pregunta si realmente pasó—, puede moverte en el tiempo sin contemplación alguna, lanzarte de golpe a la infancia, al primer llanto provocado por la soledad. Eres de pronto el niño en la puerta del fondo de una casa sin suerte, contemplando cómo el viento desespera las hojas de yagrumas, descubriendo ruidos que posiblemente no existen, risas que nadie ríe, lamentos lejanos, sonidos que la noche se inventa para salvar la ausencia de la luz.

II

Yo nunca fui feliz. He buscado desesperadamente la felicidad. Pensé que la mejor forma de hallarla era entrar en el amor de la gente, repartirme en ellos, dar lo que nunca he tenido, vencer mi ausencia llenando la de los demás, pagar por una risa ajena toda mi capacidad para reír Ha sido inútil. No soy feliz y aquellos que me tocan tampoco pueden serlo.

III

La cobardía ¿qué es? ¿Por qué ando pensando en ella día y noche, revisando cada recodo de mi vida para encontrar la rajadura por donde entró, si acaso entró? Porque tal vez está ahí desde siempre, sentada sobre mi corazón, obligándome a renunciar, poniéndome en la boca las palabras que preciso, no para mí, sino para ser el que los otros necesitan.

IV

Me duele la cabeza. Tengo un dolor enorme en la cabeza, como si unas tenazas gigantes apretaran, al mismo tiempo, todos sus lados. ¿Y si no hiciera más resistencia? ¿Si la dejara estallar? ¿Si ese dolor, libre, saliera a chorros? ¿Si se vaciara sobre la tierra? ¿Terminaría? Me duele la cabeza. Tengo un dolor enorme de cabeza.

LA CIUDAD

Polvo y aire.
Viento seco que cruza la memoria.
Equivocados puntos cardinales.
Ni siquiera un color en los escombros,
ni alimañas, ni aguas negras,
ni ese podrido olor que anuncia vida.
¿Desde dónde he venido?
¿Por qué busco una ventana que no existe,
aquella puerta de la aldaba azul,
un espejo que me confirme el rostro,
una queja,
        una mínima pulsación,
                un ruido humano?

Nadie soy si la Ciudad se ha muerto
y si estoy recorriendo sus deshechos
quién puede asegurarme que no vive.

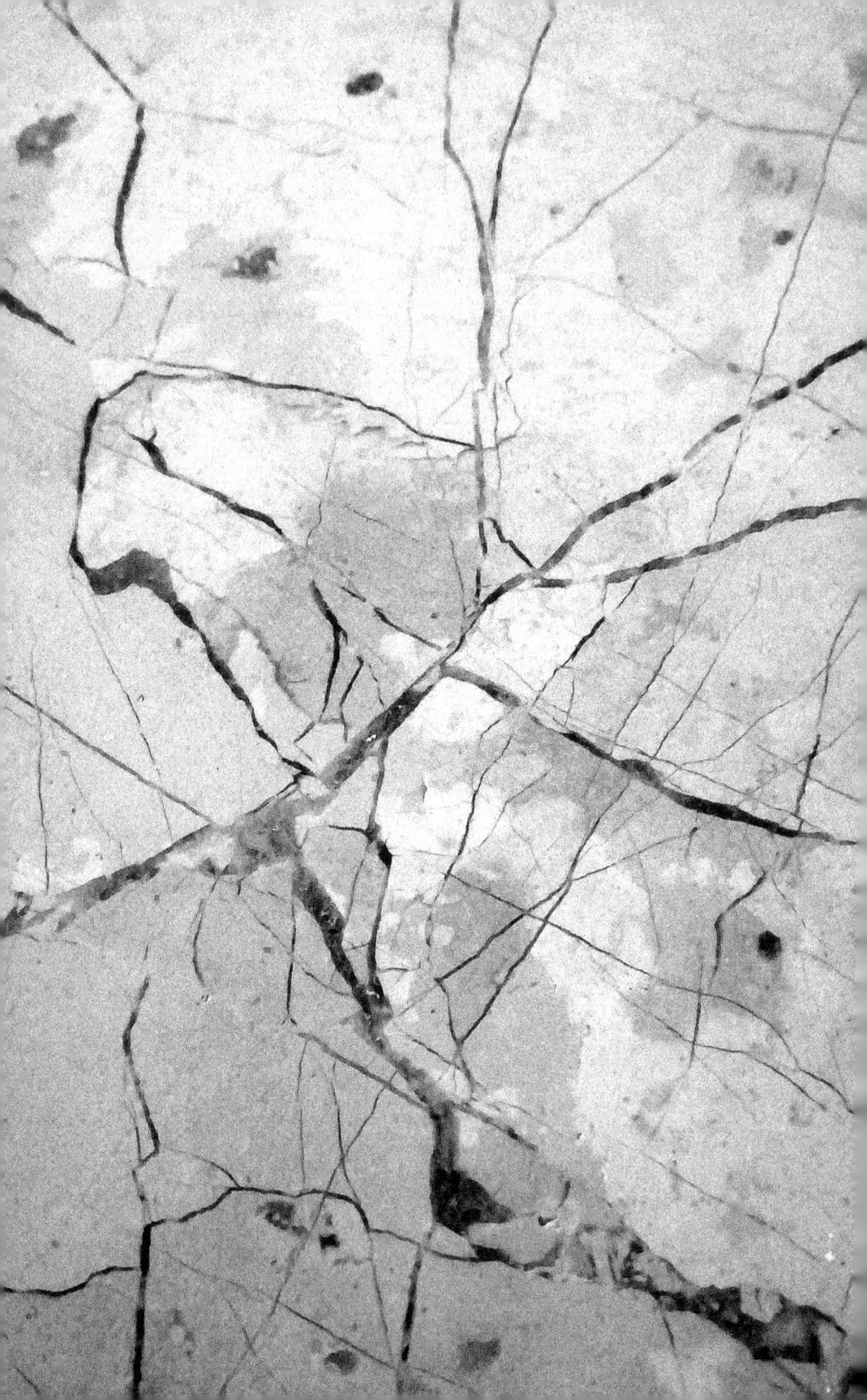

EL INOCENTE OJO DEL ANTÍLOPE

Un tigre salta de la piedra.
Vuela un ave que ignora
la angustia del vacío.
Ciego es el pez,
su pupila es el agua
y muere herido por el aire.

La lombriz puede ser reina
de la altura
y deshacerse el árbol
en el vientre insaciable
del insecto.

A la cruz del comienzo
clavado sigue el hombre.
Sangra. Puede ver aún
el rostro de los otros.

Ni dios, ni ventanas azules,
ni el inocente ojo del antílope.

MIS MANOS AL AIRE

Donde estoy detenido
puede ser el comienzo
de infinitos senderos.
Soy un punto
donde no empieza nada
donde nada termina.
Giro, y es redonda la tierra.
La espalda en que me agoto
puede ser un camino.
La derecha y la izquierda
son mis manos al aire.

El tiempo
todo el tiempo
que se pierda.
No me importan
su rumbo
ni su casa.
Se me ha vuelto
reptil
cuchillo
fuego.
Y envenena
y destroza
y enceniza.

EL POLVO Y LA MEMORIA

Sobre la página en blanco
desnudé de su madera
todos los lápices.
Trituré los grafitos
hasta convertir en polvo
las palabras.
Vacié sobre la arena
infinitos senderos.
Destiné a los abismos:
máquinas de escribir,
ordenadores,
todo equipo capaz
de almacenar al hombre.
Sin voz, sin rostro, sin memoria,
partí de nuevo en busca de mí mismo.

ORDEN DEL DÍA

No sé si un tigre loco
o un escorpión cercado por el fuego
es lo que llevo hoy dentro del pecho.
¿Dónde ir?
¿Contra qué muro romper mi sangre?
Me mata ese aguijón encarcelado
ese rugido que no logro sacarme por la boca.

La utilidad del puente
no es unir las márgenes del río,
sino evitar que puedan encontrarse.

Waldo Leyva

Si buscas en el río lavar tu cuerpo,
húndete en la corriente el tiempo justo.
El agua que limpia también mancha.

CÍRCULO

Sueña el niño que es hombre
y se maquilla
con bigote y con barbas de carbón.

Sueña el hombre que es Dios
y se dedica
a modelar o deshacer el barro.

Sueña el viejo que es niño
y que regresa
a jugar con la arcilla.

El futuro héroe
se lanzó a pecho abierto
contra el enemigo.
Era tanto su miedo a la muerte
que decidió esquivarla en la batalla.

JÓNICAS

Soy roca que soporta el embate del agua
y agua incansable contra la roca viva.

Viento soy en las ramas del árbol
y árbol plantado contra el viento.

Soy fuego en el corazón de la salamandra
y salamandra naciendo de las brasas.

Soy un hombre en la ruta del mundo
y ruta por donde pasa el agua, nace el viento
y cruje sin cesar el fuego.

LAS HORTENSIAS AZULES

Tú acaso no lo sepas, Isolda
RAÚL HERNÁNDEZ NOVÁS

Tú acaso no lo sepas, Isolda; las hortensias azules junto a tu puerta, tenían que ver con el último gesto de John Lennon, ese modo irrepetible de mirar a la cámara que sólo poseen los que saben que detrás de la lente está el vacío y no la muchedumbre. Yo busqué en el espejo muchas veces, pero es imposible, el secreto temblor se entrega solamente cuando el cristal no reproduce el rostro.

Tú acaso no lo sepas, Isolda; las hortensias azules junto a tu puerta, no fueron un mensaje de amor, ni ocultas claves para la memoria. Ya no estoy, eso lo sabes, pero también las hortensias se murieron y nada tiene que ver con sus pétalos el azul que descubrimos aquella tarde en un rincón del cielo.

Tú acaso no lo sepas, Isolda; las hortensias azules de que hablaba el poema, no existieron, aunque sí el gesto de John Lennon, y el vacío oculto tras la lente, y el azul que descubrí yo solo mientras dejaba, junto a tu puerta, un mensaje de amor contra el olvido.

ODA INGENUA

Para Judy

Vamos a jugar a que te busco,
a que no sé tu nombre,
ni tu calle,
a que paso las noches desvelado
porque te vi y me viste,
a que rompo un papel y otro papel
sin poderte decir,
que llevo el pecho
como un hueco sin fondo.

Por qué no jugar
a que rozo tu piel como al descuido,
a que tú te sonrojas y me ahogo
y se me van las manos por el aire
y me vuelvo suicida o asesino
si otro tiene tu risa o tu cintura.

Es un juego muy simple:
buscar en los desechos de uno mismo
un secreto temblor
que los antiguos llamaban ternura.

ÓLEO

Desnuda, sola, indefensa.
Pregunta con los ojos
desde la noche repetida,
desde el origen,
y el hombre: roto el pecho y la espalda,
escapándose en grito por las manos,
vuelve a su vientre
para intentar de nuevo el nacimiento.

SUBVERSIVA SE HA VUELTO LA TERNURA

Lo humano va muriéndose en el hombre.
Cada día es menos el amor, menos la risa.
Subversiva se ha vuelto la ternura.
La infancia se ha perdido.
Ya no hay atardeceres,
ni violeta del mar en los crepúsculos.
Qué raro es encontrar quien se enamore,
quien quede sin palabras
para nombrar el susto que le deshace el pecho,
que le llena de trampas la garganta.

En el hombre hay dos manos
——¡por Dios que no se olvide!——
que pueden estrecharse y levantar un muro
y acariciar unidas y amasar y golpear.
Las manos son su esencia,
su única capacidad para el abrazo.

Hoy me senté a la puerta de mi casa
a ver pasar la gente.
De cada tres, dos eran conocidos.
De cada dos me saludaba uno.

En la senda del triunfo
confundió las claves de su sueño inicial.
Llegó a la cumbre sordo, ciego,
con la garganta rota,
                    solo.
Desestimó el valor de las derrotas.

ADOLESCENCIA

Mientras era inmortal dibujó proyectos que todos aplaudían
y era armónico y justo el tiempo de los hombres.
Cuando descubrió el punto vulnerable del talón,
culpó de su fracaso al pie, a sus padres —tan poco
previsores—, a los amigos, al príncipe, a los dioses.

LEY DE PROBABILIDADES

Se había detenido en negro tantas veces
que el jugador puso al rojo su propio corazón y lo perdió.
No tuvo en cuenta que la ruleta carece de memoria.

Cuando las aguas anunciaban
el derrumbe del muro,
puso su hombro contra la piedra
para cubrir la retirada.
Luego, en la plaza de las conmemoraciones,
se erigió un monumento:
a quien propuso trasladar el pueblo.

CONFIANZA

Llegó nadando a la orilla:
allí estaban todos,
la cuerda necesaria
descansando a los pies.
Alzó los brazos
seguro del auxilio.
No tuvo en cuenta:
que su cuerpo
manchado por el barro
pesaba demasiado
y era un riesgo difícil de asumir.

Llegué a la Verdad.
La arranqué de la roca.
Fui dueño de la cima,
blandiéndola como una espada,
dando golpes a diestra y a siniestra,
indicando el sendero de los rayos,
el curso inapelable de los ríos,
el calor de la tierra,
el ritmo sucesivo del aire y de los mares,
la voluntad del hombre.

Terminé por ignorar:
la consistencia del acero y el oficio del arma.

Un poema es siempre la carencia de algo.
No hay personaje ajeno,
todos descubren las claves ocultas del que escribe.
Sólo el poeta sabe el daño que ocasiona cada verso
pero sigue buscando la palabra.

LA FLECHA ESTÁ EN EL AIRE

Apuntó contra el blanco indicado
y de pronto fue oscuro,
se entrecruzaron vientos,
hubo piedras deshechas,
árboles arrastrados por el suelo.
Oyó plegarias, demandas de perdón,
voces gritando
que la ruta hacia el blanco no era esa,
que Gesler estaría siempre
poniendo la manzana sobre el niño.

Disparó.
La flecha está en el aire todavía.

Un hombre puede ganar
o perder muchas batallas
pero sólo será derrotado
cuando no sea un sueño
quien levante su espada.

ASONANCIA DEL ANTÍLOPE

Un antílope negro
de curva y aguzada cornamenta,
se precipita ciego
sobre un prado que ignora su presencia
de animal perseguido
por un tiempo de dardos asesinos.

Soy el ciervo y la flecha.

Pobre antílope solo,
no puedes detenerte, niega el prado
y olvida que ahora sordo
ofrece al cazador tu cuello blando.
Quien se detiene muere,
sólo quien toca el horizonte vuelve.

Soy asedio implacable y agonía.

Cazador, no desmayes,
la tarde es el temblor del ciervo herido;
su piel rota en el aire,
va anunciando la muerte y tu destino.
Tensa el arco, dispara,
su propio corazón es tu azagaya.

Soy el ciervo y la flecha
el asedio implacable y la agonía.

ASONANCIA DE LA NOCHE

Un hombre busca el sol cuando amanece
para negar la noche y sus designios,
inicia con el día un nuevo ciclo
que al retornar la tarde se detiene.

Vuelve el hombre a nacer cuando comience
el triunfo de la luz sobre el abismo,
así viene ocurriendo desde siglos:
la luz, la sombra, el hombre: vida y muerte.

Ahora el hombre soy yo que me levanto
buscando el porvenir: cada mañana
juega el tiempo conmigo a que lo atrapo,

y se deja tocar, pero se escapa.
La historia es siempre así: ni yo lo alcanzo,
ni el futuro será sin mi esperanza.

La luz siempre es naufragio. Acrílico

EN ESA LUZ QUE EMPIEZA

Ya va a venir el día, ponte el alma
CESAR VALLEJO

Ya va a venir el día, la rutina
volverá de la mano a conducirte,
serás de nuevo un hombre para unirte
a un mundo sin razón que no termina.

En esa luz que empieza está la ruina
de otra noche sin sueño, ¿podrás irte?
¿Podrás quedarte solo sin morirte,
o ser un hombre ajeno que camina?

Cada noche que pasa te exorciza,
es la sombra hechicera que te ensalma
con augurios que mueren por la prisa.

Todo tiempo es fugaz, busca con calma
lo humano, donde el hombre se eterniza.
Ya va a venir el día, ponte el alma.

ASONANCIA DEL TIEMPO

Y solo contra el mundo levantó en una estaca
su propio corazón el único que tuvo
JUAN GELMAN

Si ya no estoy cuando resulte todo,
cuando el tiempo en que vivo ya no exista,
cuando otros se pregunten si la vida
es el triunfo del hombre, o es tan solo

un perenne comienzo, un grito sordo,
el rasguño en la piedra, la porfía
inútil del abismo, pues la cima
puede llamarse altura porque hay fondo.

Cuando todo resulte, sólo quiero
que alguien recuerde como al fuego puse
mi corazón, el único que tuve,

que yo también fui "hombre de mi tiempo",
que dudé, que confié, que tuve miedo
y defendí mi sueño cuanto pude.

El rumbo de los días

TARJETA DE PRESENTACIÓN

Para Elena Poniatowska

Después de tanta geografía recorrida,
de tantos rostros, de tanto mar y tanto cielo ajeno,
sobre mi mesa se acumulan
decenas de tarjetas de colores diversos,
indiferentes, mudas.
A veces me detengo en los rasgos
de sus notas ocasionales,
desconocidas, mínimas,
y quiero adivinar detrás de cada nombre
el rostro, el tono de la voz
la ciudad donde me fue entregada
bajo qué lluvia, sobre qué invierno,
pero resulta inútil.
Quién será esta Vanesa Crispi,
este Otilio Cervantes, esta Judith Entenza,
este Phillips James, que reclaman,
desde su caligrafía solidaria,
que no olvide sus caras.
Por más que lo intento no puedo
ponerle rostro a cada nombre;
ni siquiera tengo idea de la época
en que pudimos conocernos,
si acaso fue cierto,
porque tal vez estas tarjetas
no son más que la confirmación
de un intercambio frío, ceremonial.

Sin embargo estoy seguro
que esta María, de apellido impronunciable,
tiene que ver con la muchacha griega
de cabellera rojiza y abundante
que conocí una noche en el Pireo
y nos acompañó en aquella aventura
en busca de la Fuente Castalia.
No puedo asegurar si estuvo
cuando Yannis Ritsos
nos abrió la puerta de su casa
y recitó, para Moreno y para mí,
los versos de Guillén
en su griego impecable.
Todavía conservo la piedra
donde el poeta desterrado dibujó,
siguiendo los caprichos del agua,
el rostro de Apolo. El tiempo
se empeña en borrar cada trazo
a pesar de que mi mujer,
con la devoción de quien protege
una reliquia, guarda la piedra
envuelta en seda
dentro de una breve urna de cartón.
Yannis Ritsos, con su rostro encarnado
y sus manos de ejecutante de arpa,
sigue vivo en mi memoria
aunque no tenga una tarjeta
que revele su nombre.

Fue Atenas y era invierno.
Moreno retrataba las estatuas de Antínoo
y comíamos pulpo en las tabernas.
María Rosa, entrañable y desquiciada,
cantaba un aria desconocida
acompañada por los aullidos
de Ron, su dorado perro Cocker Spaniel.
Los cerros del Penteli
mostraban sus heridas de siglos,
y en la plaza Omonia, la más vieja de la ciudad,
la que fue hermosa en tiempos inmemoriales,
los jóvenes se intercambiaban mariguana,
jeringas infectadas, besos sucios,
bajo la indiferencia de la estatua
del corredor de fondo y la abulia
de los eternos parroquianos del Café-Neon.
Hay una foto en la que conservo
mi sombrero negro, la chaqueta de cuero
y un residuo de fiebre y barba breve.
Estoy parado en la ladera sureste de la ciudad
y a mis espaldas, los restos del teatro
que Herodes Atticus mandó a construir
en honor de Aspasia Annia, su mujer.

Fue Atenas y era invierno.

Sobre la cresta del Monte Olimpo
una nieve ridícula hacía imposible creer
en la existencia de los dioses.
Era invierno y en el cruce de caminos

donde Edipo dio muerte a su padre,
florecían mugrientas carpas de gitanos.
En la Fuente Castalia no hubo agua.
No soy de los que deciden
el rumbo de los días, los dejo pasar,
confío que serán siempre favorables.
No me asusto ni hay asombro
cuando me equivoco.
A veces, pocas veces,
intento obligar las cosas y lenta,
suavemente, con terquedad tranquila,
voy poniendo cada piedra en su sitio.
Soy una mezcla de inseguridad
e inalterable rumbo.
Nadie sospecha el pavor que antecede
mi primera palabra.
Engaña el gesto seguro del discurso.

Temo a la noche, al olvido, a la traición.
Provoco la infelicidad, es mi costumbre,
pero busco, por encima de todo,
el amor de los otros.

ES TOCABLE LA SOMBRA

Íntima es la madera
y dolorosa el agua que fluye hacia la espalda.
La tarde cae, viene desde algún sitio sin huella
sin sonido. Es tocable la sombra.
Mi piel en el espejo tiene anuncios que muerden.
Salgo a la calle con la misma pregunta
pero mi voz no asombra
ni recuerda el timbre de otros días.
Nadie tiene respuestas; los que pasan
buscan rumbos distintos171
si me miran creen descubrir mapas ajenos
historias que no le pertenecen
dados marcados por otros tiempos.
Vengo de allí, les digo
sólo me he adelantado un poco.
Mírenme, repito, yo estoy
donde ustedes deben llegar mañana
si antes no se borra su sombra en el camino.
Pero pasan de largo a través del espejo
y los veo multiplicarse, perderse sin retorno.

Intimadad de la madera II. Pastel sobre papel

Un tropiezo sin fondo

Distante está el árbol y aún más lejos la luz
pero su sombra inquieta llega y parte al instante
dejándome manchada la ventana.
Anoche tuve un sueño que intento recordar.
En él también la sombra era una torpe ruta
un tropiezo sin fondo.
Sé que había un rostro, cierta canción antigua
la espalda mutilada de una muchacha desconocida.
Yo estaba allí pero no puedo descubrir
en qué zona del sueño, ni si era mi sombra
la que cruzaba por la espalda desnuda
de la mujer sin rostro.
Siento que venía del dorso de las cosas
y me busqué las manos sin hallarlas.
Cambió la luz de ahora, y el aire alejó las ramas
pero la mancha de la sombra sigue moviéndose
en el sucio cristal de la ventana.

La Mancha

Una mancha amarilla intenta ser el sol
mientras la mano se alarga en el pincel
y busca dentro, en la piel lacerada del artista.
La luz se oculta.
Finge el árbol que es árbol en la tela
y mueve sus ramas torpes manchadas de un violeta
que se niega a morir en la memoria del pintor.
Habla el pincel, conozco ese lenguaje
me advierte del peligro mortal que nos acecha.
Sólo se salvarán, nos dice, aquellos
para quienes los fantasmas de luz
no resultan un anuncio del porvenir.
Hay una mancha saliendo de la tela
no sé si es una sombra
o el accidente que marca la ruta de otro lienzo.
Me detengo en sus contornos
siento su vibración oculta, su olor a cieno antiguo
la temperatura de su pigmento torpe.
Vuelvo al amarillo de la izquierda
no encuentro la relación entre el sol que no existe
aunque el pintor lo anuncia
y esa mancha que crece hasta cubrir la tela
hasta tomar por asalto las paredes
las calles, las ventanas, la ciudad inocente
y el perfil de la Isla con su verde manchado de violeta.

LLUEVE EN COYOACÁN

Pies pa' qué los quiero si tengo alas.
FRIDA KHALO

Es domingo,
un domingo lluvioso de Septiembre.
Estoy con Roberto y mi mujer
en la Casa Azul de Frida Kalho.

La lluvia hace más íntima esta tarde en Coyoacán.

En cada objeto está latiendo Frida.
Miro sus óleos, los autorretratos desafiantes
y no puedo apartarme de sus ojos,
del arco silvestre de sus cejas,
de su perfil volcánico.

Aquí con el corsé torturador,
allá con un rebozo violeta.
En el otro extremo está la hermana,
de belleza distinta,
y su padre siempre pendiente de sí mismo.

La lluvia es de algún modo la memoria.

En la cocina, la arcilla recuerda la ceniza
y el ruido de otros tiempos
donde la sangre indicaba el rumbo de las noches.

Roberto fija cada instante pero el museo se resiste.

Intento imaginar a esta mujer andando por la casa,
imponiendo su furia, sus olores,
sufriendo y disfrutando, las roturas del cuerpo.

Diego no existe en la imagen que esta tarde
me provoca la casa.
Su presencia es accidental, casi foránea.

La lluvia es fina como un polvo de agua.

Cierro los ojos y me llegan los ruidos
de su columna vertebral,
las maldiciones, el temblor del violeta casi ausente,
el tacto áspero y tierno de su bata frondosa,
la música cortante y persistente del azul,
y el olor, en crescendo, a desnudez,
a sexo reclamante, a semen húmedo.

Llueve en Coyoacán.

Frida sale al patio, no tiene el cuerpo roto,
baila desnuda sobre las piedras,
y la ciudad se calla.
La estoy viendo con los ojos cerrados,
la estoy tocando sin el tacto que estorba,
me llega el olor de su piel
tatuada por los vientos de otra edad
donde su corazón fundaba la piedra de los sacrificios.

No quiero despertar.

Si abro los ojos Roberto estará fijando el rostro
de mi mujer junto la foto absurda de Frida en el salón.

No quiero despertar, pero cesó la lluvia
y la ausencia de Frida llena el lecho
donde tantas veces se buscó a si misma
para dejar sólo retazos suyos
dispersos en las telas
donde creen encontrarla los que pasan.

LA NOBLEZA FALSA DE SU ROSTRO

Junto a la puerta está la veladora.
Tiene el rostro pecoso
y los ojos perdidos
en un azul ausente,sin memoria.
En el fondo, asediado por turistas sin sexo,
el David oculta su perfil violento,
esa esquina izquierda de su cara
marcada por una ferocidad sin límites.
Las cámaras impersonales
siguen grabando su faz paradójica y confusa.
Yo voy de los ojos de la veladora
a otro rincón distante de la sala,
a las piedras inéditas donde pugnan por salir
brazos, gestos que Miguel Ángel
dejó aprisionados en el mármol.
Siento que es aquí y no en el David
ni en la Piedad y menos en el gesto
épico y dramático del Moisés,
donde está esa angustiosa metáfora del hombre
que todo artista busca dentro de sí mismo.
Cuentan que Miguel Ángel,
asustado de su propia obra,
pidió, con un golpe de mandarria,
la palabra al Moisés
pero quienes gritan, los que reproducen
el lamento más hondo, la fuerza,
la búsqueda de la utopía,

son estas piedras resueltas en un solo brazo
un torso idéntico al de aquel hombre
sin rumbo en la estación de trenes.

La veladora sabe que ha sido vista
por primera vez, que las pecas múltiples
de su piel dejaron de ser anónimas
sombras de la galería. Le pido la palabra
y el rubor de su cara me responde.

Vuelvo a la esquina izquierda del David,
me reconozco en esa rabia
ajena a la nobleza falsa de su rostro.

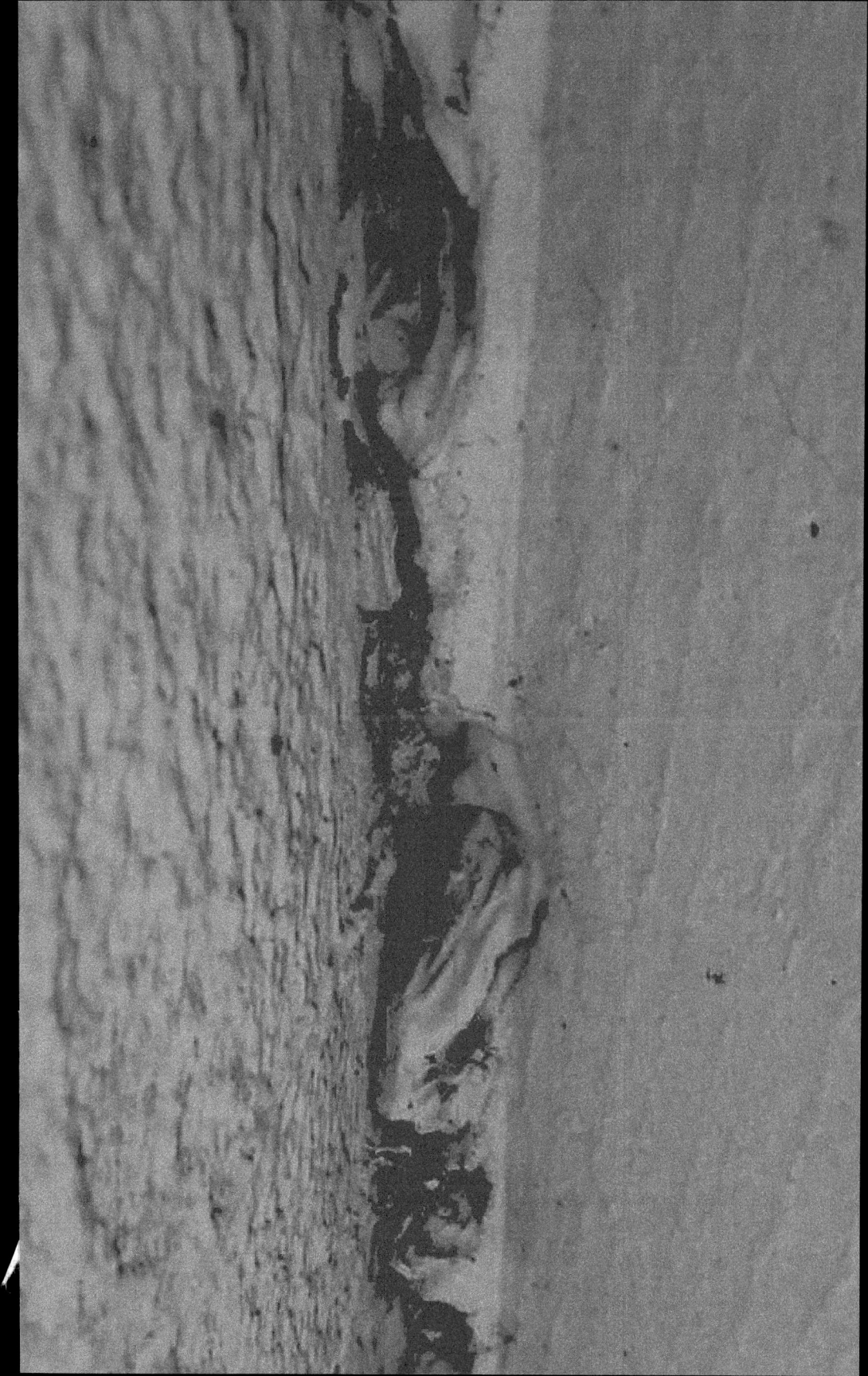

CONVERSACIÓN CON OMAR LARA

No estuve en Imperial,
desconozco sus calles, la lluvia que la funda,
las romanas domésticas que pesan su nostalgia,
la muchacha que fue y sigue siendo
una excusa de amor en tus poemas.

No estuve, Omar, en Imperial,
pero he visto volar los pájaros de pico largo,
sin duda vallejianos, sin duda hambrientos,
que siguen atravesando el aire en tus poemas.

Hay un juego inexplicable del recuerdo
que me permite asegurarte
que conozco la niebla densa,
el amarillo cortante de Portocaliu.

Dime cómo eran los ojos de la muchacha
que caminaba hacia ti esa tarde de Drumul Taberii,
¿Era una muchacha?
¿El amor odio incendiaba su pelo?
¿Era la dueña del silencio inaudible?
Necesito saberlo,
porque yo también he corrido detrás de una sombra.
Todos tenemos una sombra que nos incita o nos asusta,
una sombra de la memoria.
Estoy seguro que tú, al tenerla a la mano,
al saber que podías voltearla,

decidiste, como yo he decidido muchas veces,
dejarla escapar para poder seguir rechazándola
y buscándola, en esa carrera sin espalda,
rápida a los veinte años, lenta y artrítica
y confusa ahora, pero firme.
De qué sirve descubrir el humo de la poesía o de la muerte,
es mejor buscar su huella, olerla cuando el mar,
cuando el desierto, cuando la lluvia llega desde junio.

El tacto es imprudente inútiles las manos
si de sombras se trata.

Omar, tengo el sabor del verano
rojo en la copa del vino que bebiste con tu madre
en la doméstica intimidad de la memoria.
No estuve en Imperial, eso lo sabes,
pero sí anduve por las calles de Bucarest
en un invierno donde, seguramente, preparabas
tu retorno, o ya estabas en las sísmicas costas
del sur de tus entrañas.

Esos días rumanos me permitieron tocar la tristeza.

Había algo de desamparo sobre la nieve,
algo que no podía descifrar y, te aseguro,
no era por la lengua o el cansancio del viaje,
o mi total ingenuidad política.
Era algo que intuía, desgarrador, en los versos
que escuchaba; algo que me quería decir, sin duda,
aquel viejo poeta cuyo nombre olvidé,

pero jamás la escena en que sacaba,

de un agujero blanco, el cuerpo del amigo.

Lo sigo viendo: su vaso de vino apenas rojo,

su barba frondosa y manchada,

sus lágrimas secas, repitiendo en su lengua,

ajena para mí, aquellos versos donde relataba

como el amigo volvía a recorrer las calles

de su quebrado pueblo de montaña,

como seguía robándole la novia que no tuvo,

rescatándolo de la muerte en una guerra

que solo era cierta en el poema.

Cuando el exilio te alejó de Imperial, Omar querido,

cuando el sur se hizo memoria dolorosa,

cuando tus compañeros pasaron a habitar

la hondura malévola

de los abandonados

de los que no se nombran

en la espiral perversa de los días;

cuando el toque de queda era la muerte

y no un juego de ingenio,

te fuiste, con esa rabia, con esa cortadura

de cuya cicatriz dan fe tus ojos,

con la orfandad a cuestas, no vencido,

a esas tierras, al solar del poeta de mi cuento,

a dialogar con Eminescu, con Ion Barbu, con Gellu Nam.

Para qué puede servir la poesía, sino para encontrarnos.

No conozco Imperial, te lo repito,
pero allí estaba, en la tibieza del vino de la tarde,
cuando llegaste, muchos años después,
muchas muertes después, muchos versos después,
y descubriste que la memoria es una trampa,
que la vida se hace a cada paso
y la única nostalgia verdadera es la nostalgia del futuro.

A MODO DE ELEGÍA

No puedo evitar que me sorprenda
esa costumbre nuestra:
dar de beber primero a los ausentes.
No se trata de convocarlos a la fiesta,
ni tampoco es un ritual de la memoria.
Los muertos beben solos.

A medida que los años pasan
el silencio sin ruido, ayer imperceptible,
empieza a acompañarnos,
a dejar sus huellas sobre las sábanas,
a sustituir con nuestro rostro la cara del amigo.

Ayer, mientras descorchaba mi añejo de reserva
para brindar por la llegada de otro año
supe, sin duda alguna,
que debía mojar un rincón de la casa.
Para quién era el trago? ¿a quién debía evocar?
¿Acaso a Luis, muerto a los treinta y dos años
cuando la poesía empezaba a crecer
en su garganta y le dolía en el costado
ese escuálido y turbio ángel del desamor?
¿Tal vez a Wichy el Rojo, quien seguramente
continuará en su eterno retornógrafo,
dialogando con Tristan Tzara
o con Guillaume Apollinaire, el soldado polaco
de sus versos?

Los muertos beben solos, me repito,
pero voy con la botella
hasta el rincón más íntimo de casa
donde Ángel Escobar, sudoroso y suicida,
masca alucinado hojas de curujey,
pide al alcor funesto que aparte a los forenses
y sigue diciéndonos, para que no lo olvidemos,
…moriré/ solo de mí: no llevo un clavel rojo
en la solapa, no puedo sonreír:
alguien siempre dispara
su pistola en medio del concierto…

Los muertos beben solos, insisto,
y el ámbar del añejo deja en el aire breve
una línea sin origen ni fin donde Raúl,
desde su enorme silencio, aparta la vieja pistola
de su animal civil y dice a Gelsomina:
Ven…a ver al niño enfermo
que allí en su lecho abandonado yace...
mientras Ignacio Vázquez se pone el pecho
de Sor Juana para decir los versos que le dicta
su esquizofrenia contagiosa.

¿Dónde está Juan Puga? Lo busco por la casa
y vuelvo a mi balcón pero en esta noche de diciembre
no están los flamboyanes florecidos
ni puedo intuir los almendros agrestes de su tierra.
¿Será cierto lo que una vez le dije:
empiezas —y eso duele— a ser olvido?

No tengo Pacharán, querido hermano, pero te ofrezco
este trago de ron. ¿Lo compartimos?
Los muertos beben solos
le digo a los que esperan y ríen satisfechos
sin sospechar que alguien los va a evocar mañana
derramando licor por los rincones.
Naborí ya lo dijo recordando a Simónides de Ceos
Arrobados de sueños y paisaje
creemos infinito nuestro viaje
pero ¡ay! el viaje es demasiado breve.

Hay muertos más recientes, muertos
como Jesús Cos Causse que se llevó algo de mí, raigal,
aunque dejaba, detrás de cada verso algún ruido del
corazón.
Negro, brindemos por Nilda Arzuaga;
no sé si ella, en algún sitio del planeta,
se acuerda de tus versos, de aquella noche cómplice
junto a la ventana de Luz Vázquez
pero vamos a repetirlos tú y yo para que los oiga
donde quiera que esté.
Mañana la historia
le pondrá un rostro extraño
a nuestro amor y nuestras cartas serán leyendas
para los poetas de entonces.
Uno no sabe nunca en qué amor acabarse,
en qué salto cruzar las cenizas.

Hay muertos más recientes, lo repito,
muertos que nos dejaron definitivamente huérfanos.

Pienso en Joel, en su ternura brusca,
en su cortante lucidez, en su diálogo intacto con los loa
buscando una explicación para sí mismo,
para nosotros, para esta Isla entrañable que nos duele.
¿Encontraste al Bon dieu hermano?
No tengo el preparado de aguardiente
con las yerbas de monte pero bebe, bebe conmigo
este añejo hecho con las mejores aguas de la tierra.

OPINIONES SOBRE LA POESÍA DEL AUTOR

La mirada de Waldo Leyva no solo contempla, es una mirada que escucha los rumores de la vida y del mundo. [...] Su poesía es ora clara como el agua más límpida, ora teñida de esa oscuridad que marca al ser nocturno y solitario. Sus secretos y misterios, sus sueños y deslumbramientos jamás lo separan de los otros hombres y de los otros paisajes, de la materialidad y la trascendencia que rigen el transcurrir de la vida.

LEDO IVO
Poeta brasileño

La sobriedad y eficacia expresivas(…) el hallazgo de fundir coraje y cotidianidad en un mismo modo natural de ser (…) Al fin hemos encontrado un poeta que nos habla del dolor social, con honda ternura.

ELISEO DIEGO
Poeta y narrador
Premio Juan Rulfo

Para mí el lector es muy importante. (…) es pensar en mí mismo con un libro en las manos, sintiéndome deslumbrado por Pablo Neruda, por García Lorca, por Antonio Machado, por Rafael Alberti, por Eliseo Diego o por Waldo Leyva (…)

LUÍS GARCÍA MONTERO
Poeta, narrador, ensayista y crítico español

(...) esa fusión de la epicidad y la intimidad [...] es el imán profundo de su poesía.

CINTIO VITIER
Poeta, narrador, investigador y crítico
Premio Juan Rulfo

Waldo Leyva, (…) de formación autodidacta, y poeta soldado como los grandes poetas de la tradición hispánica y como los héroes soñados por el poeta Jorge Luis Borges.

ALVARO SALVADOR
Poeta, narrador y ensayista español

(…) abracé ese día a un hombre como un parque (…)
Ese hombre eras tú, Waldo Leyva, y te sigo abrazando,
es decir, aprendiendo y cantando.

OMAR LARA
Poeta chileno

(…) la afinación es determinante (…) en el poema para revelar el valor poético(…) su gracia y fluidez. Esto está fielmente atrapado en toda la poesía de Waldo Leyva, una de las voces más representativas de la nueva lírica cubana.

JESÚS ORTA RUIZ
Poeta investigador y crítico
Premio Nacional de Literatura

Waldo Leyva se esfuerza en la persecución de un lirismo que, en él, tiene que ver también con su permanente atención a la poesía rimada(…)

GUILLERMO RODRÍGUEZ RIVERA
Poeta, narrador, ensayista y crítico cubano

Waldo es un lírico absoluto. Ni los tambores de la guerra, ni las suntuosas catedrales donde la historia inscribe su memoria, lo han sustraído de ese intenso encuentro consigo mismo que ha ido registrando en sus mejores páginas.

ALEX PAUSIDES
Poeta cubano

(…) podría desgranar paso a paso la biografía del poeta más importante de una generación marcada por la esperanza y las desilusiones, por la vitalidad y los mitos. (pero) estaría traicionando a Waldo Leyva. Para que su poesía exista, para escribir su nombre, su mirada, su historia, ha sido necesario recorrer otros siglos y otros lugares, variar las coordenadas del tiempo, saltar por encima de la trampa de la verdad para instalarse en la incertidumbre de lo verdadero.

FERNANDO VALVERDE
Poeta español

Acaso la más significativa virtud de la poesía de Leyva sea la sostenida búsqueda de lo que podríamos llamar la limpieza verbal, esa incesante necesidad de una escritura depurada, sin accesorios de falsas confusiones y excesos sintácticos o léxicos.

ENRIQUE SAÍNZ
Ensayista y crítico cubano

El tiempo circular de Waldo Leyva vuelve cíclicamente como las estaciones del año, tiempo en que los lugares del mundo se unen en la fraternidad de los amigos, en las causas de la humanidad(…)

EDUARDO LANGAGNE
Poeta, ensayista, narrador mexicano

La poesía de Waldo Leyva es una poesía sin moralejas ni aderezos, áspera y sincera hasta los temblores más íntimos de la sinceridad, que carga virilmente con sus dudas y con las tantas preguntas sin respuestas, y sigue apostando por los sueños.

ABEL PRIETO
Narrador y ensayista cubano

Las) capacidades observadora y analítica de (Waldo Leyva), han cimentado reflexiones y decisiones que (…) han ofrecido una riqueza invaluable para (…) su sensibilidad(…) y (su) poesía es canto eterno con voz suave pero firme…

ROBERTO ARIZMENDI
Poeta mexicano

[…] Waldo se ha convertido, de alguna manera, y es una evolución curiosa, en un poeta que tiene un aliento metafísico, ontológico, a quien lo que más le preocupa es el ser, la evolución del ser en la historia, en el tiempo.

JESÚS DAVID CURBELO
poeta narrador y crítico, cubano

[…] los temas de Leyva son múltiples. Incluyen el amor, por supuesto, pero un amor sin distancia que convalida la existencia diaria y sin los extremos irreconciliables de los placeres que deleitan y los pesares que atormentan. No se encuentra en estos sonetos al hablante quemado y helado a la vez por la experiencia del amor. Ante la ausencia de la amada.

KEITH ELLIS
Ensayista, catedrático y crítico jamaicano

Leer, entender y sentir a Waldo Leyva, en pleno siglo XXI, llevaconsigo un elevado compromiso de orden espiritual, ya que su obra le imprime un sostenido principio ético a la poesía que actualmente se escribe en lengua española, aportándole un sello de especial singularidad, rigor y esbeltez. Este poeta se debate entre
la soledad y la sorpresa.

FIDEL ANTONIO ORTA PÉREZ
Poeta y narrador cubano

La poesía de Waldo Leyva posee los atributos de la claridad y la belleza. [...]no propone nunca un criptograma, el dilatado placer de llegar a la nuez del poema develando innumerables capas de sentido; la suya es una poesía diáfana el agua de un manantial inédito.

EUDORO FONSECA
Poeta mexicano

Con imbatible constancia, Waldo Leyva se ha convertido en un poeta fundamental de nuestro continente, solo su don de ser humano y de ser amigo supera su condición de poeta.

ÁLVARO SOLÍS
Poeta mexicano

Ya desde la tercera década del siglo XX, Heidegger explicó que la esencia de la poesía es "mostrar". Y esta es una de las cualidades de la poesía de Waldo Leyva, le da presencia a lo no visto, a lo que pasa inadvertido, a lo que sucede detrás. Esta cualidad nos aproxima a la intimidad de las cosas, a una de las metas de la poesía: aprehender lo inasible, objetivar lo subjetivo.

ALÍ CALDERÓN
Poeta mexicano

Waldo,¿En qué medida ese continuo regreso a la infancia —central en tu poesía— deja de ser un reflejo inconsciente, un simple ademán de la nostalgia, para convertirse en un recurso, (suerte de respuesta benéfica, salvadora) frente a los enigmas y desafíos del presente?

ALPIDIO ALONSO
Poeta cubano

Su poesía también tiene las cualidades propias de la poesíapopular, es decir, es universal y de alguna manera pública.

ARMANDO HERRERA
Poeta y músico mexicano

"No hay adjetivo, creo yo, para calificar la poesía de Leyva... sus versos son una confesión, una introspección continua, pero siempre volcada hacia fuera, hacia los demás...".

ANDRÉS POCIÑA
Catedrático de la universidad de Granada, España

Hay que decir que la poesía de Waldo lleva su péndulo de la añoranza por lo perdido al asimiento en lo inmediato.

MANUEL GARCÍA VERDECIA
Poeta cubano

Waldo vive poéticamente... ninguna fuente que pertenezca a la poesía, le es extraña. Su humanismo incursiona por todas las culturas(…)

GONZALO GARCÍA BUSTILLOS
Poeta y catedrático venezolano

"Acusa la poesía de Waldo Leyva una sabia sobriedad de expresión, con textos de aires filosóficos que parecen suavizarse por su tono íntimo, y textos de amor cargados de un lirismo, llamémosle, maduro, sin afeites experimentales, dueño él de la palabra pero también del oficio de poeta.

ALEXIS DÍAZ
Pimienta, poeta y narrador

(…) la obra de Waldo, sus entrañables versos, tocan un espectro muy amplio de la vida, desde el amor hasta el olvido, el tiempo, el destiempo, la materia, la memoria, la desazón, los recuerdos tangibles y los intangibles(…)

BLANCA LUZ PULIDO
Poeta mexicana

Hay poetas que viven en el tiempo y otros lo inventan. Waldo Leyva pertenece a la segunda especie. Su calendario no muestra la herida de la piedra de sol sacrificial.

MARÍA ÁNGELES PÉREZ LÓPEZ
España

Quien entienda sus versos encontrará en ellos la sabiduría de un hechicero que vivió hace trece mil quinientos treinta y cuatro años. El tiempo exacto que una mujer lleva esperándolo con las luces de su casa encendidas,(…)

OTONIEL GUEVARA
Poeta salvadoreño

Practicante del culto a dos pezones/enarbola la vida por bandera/no hay llama que no avive con palabras/si es libertad la empresa. No se rinde./Maestro, compañero, capitán/de las huestes de la palabra mágica,/tu destino es la luz del horizonte./Espéranos allá, que te seguimos.

RAQUEL LANCEROS
Poeta española

En tu pecho habita un pájaro en llamas,/vino de los confines de la memoria,/en silencio, a traerte el canto (…)

AUDOMARO HIDALGO
Poeta mexican

ACERCA DEL AUTOR

Waldo Leyva (Cuba, 1943). Poeta, ensayista, narrador y periodista. Ha publicado más de 20 libros de poesía. Entre otros: De la ciudad y sus héroes, (Cuba, 1976); Con mucha piel de gente (Cuba,1982); El rasguño en la piedra (Cuba,l995); Memoria del porvenir (Cuba,1999); El dardo y la manzana (México, 2000); La distancia y el tiempo, (México, 2006); De la máscara y la voz (México, 2006); Breve antología del tiempo (Granada, España,2008); Asonancia del tiempo (Sevilla, España, 2009); Los signos del comienzo (Caracas, 2009); El Rumbo de los Días (X Premio Casa de América de Poesía Americana, España, 2010); Cuando el Cristal no reproduce el rostro IV Premio Internacional Víctor Valera Mora (Zamora, España (2011), Caracas, Venezuela (2013); El dorso de las cosas (Monterrey, México, 2016); Los rostros del azar, (Rumanía,2019). Ha publicado los libros de ensayo: Ensayos sobre la décima hispanoamericana, (San Luís Potosí, México, 2016) y Tiempo somos (Toluca, México 2017), así como el libro de entrevistas, El otro lado del catalejo, (Cuba 2018). Forma parte de diversas antologías de la poesía cubana y poemas suyos han sido traducidos al inglés, francés, alemán, italiano, ruso, rumano y otros idiomas.

ÍNDICE

Galería Personal

El rasguño en la piedra

El rumbo de los días

Colección
PIEDRA DE LA LOCURA
Antologías personales
(Homenaje a Alejandra Pizarnik)

Colección
MUNDO DEL REVÉS
Poesía infantil
(Homenaje a María Elena Walsh)

1
Amor completo como un esqueleto
Minor Arias Uva

2
Del libro de cuentos inventados por mamá
La joven ombú
Marisa Russo

***

Colección
PARED CONTIGUA
Poesía española
(Homenaje a María Victoria Atencia)

1
La orilla libre
Pedro Larrea

2
No eres nadie hasta que te disparan / You Are Nobody until You Get Shot
Rafael Soler

***

Colección
CRUZANDO EL AGUA
Poesía traducida al español
(Homenaje a Sylvia Plath)

1
The Moon in the Cusp of My Hand / La luna en la cúspide de mi mano
Lola Koundakjian

Colección
MUSEO SALVAJE
Poesía latinoamericana
(Homenaje a Olga Orozco)

1
La imperfección del deseo
Adrián Cadavid

2
La sal de la locura / Le Sel de la folie
Fredy Yezzed

3
El idioma de los parques / The Language of the Parks
Marisa Russo

4
Los días de Ellwood
Manuel Adrián López

5
Los dictados del mar
William Velásquez Vásquez

6
Paisaje nihilista
Susan Campos-Fonseca

7
La doncella sin manos / The Maiden Without Hands
Magdalena Camargo Lemieszek

8
Disidencia
Katherine Medina Rondón

9
Danza de cuatro brazos
Silvia Siller

Colección
LABIOS EN LLAMAS
Poesía emergente
(Homenaje a Lydia Dávila)

1
Fiesta equivocada
Lucía Carvalho

2
Entropías
Byron Ramírez Agüero

3
Reposo entre agujas
Daniel Araya Tortós

***

Colección
SOBREVIVO
Poesía social
(Homenaje a Claribel Alegría)

1
#@nicaragüita
María Palitachi

***

Colección
MEMORIA DE LA FIEBRE
Poesía de género
(Homenaje a Carilda Oliver Labra)

Colección
LOS PATIOS DEL TIGRE
Nuevas raíces – Nuevos maestros
(Homenaje a Miguel Ángel Bustos)

1
Fragmentos Fantásticos
Miguel Ángel Bustos

2
En este asombro, en este llueve
Antología poética 1983-2016
Hugo Mujica

3
Bostezo de mosca azul
Álvaro Miranda

Para los que piensan como Marco Aguilar, que "nadie ve ni se imagina / la cantidad de gente que camina a su lado, / la cantidad de voces que contiene el alma del poeta", este libro se terminó de imprimir en el mes de mayo de 2020 en los Estados Unidos de América.

www.ingramcontent.com/pod-product-compliance
Lightning Source LLC
Chambersburg PA
CBHW021359090426
42742CB00009B/921